U0092990

故宮・莊嚴先生

1966年，莊嚴先生於臺北故宮博物院正門前留影，身後的「國立故宮博物院」七字為其題字。（莊靈攝）

1931 年「九一八事變」爆發後，日本侵華心態愈趨明顯，國民政府眼看北平即將燃起戰火，於是從 1933 年春天開始，有計畫的將原藏北京故宮博物院的珍貴文物運往南方。隨著對日抗戰局勢的發展，這些文物經過上海、南京，再分成三路轉往大後方。圖為南遷四川的故宮文物，在路上輸運的艱苦狀況。

對日抗戰勝利後，所有南遷之故宮國寶皆匯聚於四川重慶，所有護運國寶的故宮同仁也到重慶聚集。圖為故宮同仁和眷屬於1947 年在重慶南溫泉旅遊時的合影。前排右二持棍者為莊夫人申若俠女士，右三側面戴帽者為莊嚴先生和四子莊靈，前排左一為長子莊申，莊夫人身後為次子莊因，最後排分腿站立者為三子莊喆。

1948 年，故宮與中央博物院籌備處在南京中山門附近的中央博物院籌備處舉行聯合展覽會，蔣介石先生（右）和蔣經國先生（左二）父子，由馬衡院長（中）和杭立武先生（左）陪同，參觀全國最大的出土銅器——殷代司母戊方鼎。

1948 年，故宮與中央博物院籌備處在南京中山門附近的中央博物院籌備處舉行聯合展覽會，前排左五為故宮博物院院長馬衡，二排左四戴眼鏡者為莊嚴先生。

1949 年，故宮文物初抵臺灣，暫存於臺中糖廠倉庫，護送國寶的故宮同仁在倉庫前合影。左起：王振楷、張德恆、吳玉璋、梁廷煒、莊嚴、牛仁堂、那志良、黃異、吳鳳培、申若俠。

1950 年，故宮國寶遷放到霧峰北溝之後，故宮同仁在庫房門前合影。左起：吳玉璋、申若俠、黃異、牛仁堂、吳鳳培、那志良、莊嚴、梁廷煒、劉峩士、王振楷、王世華。

自「九一八事變」之後，流浪了十多年的故宮國寶，終於有了暫時屬於自己的家——臺中霧峰北溝。圖為自後山上鳥瞰北溝庫房。(莊靈攝)

1952 年，故宮及中央文物聯管處同仁，和前來清點文物的中央研究院院士合影。左起，二至四：楊師庚、勞榦、高去尋，六至十二：熊國藻、董作賓、孔德成、莊嚴、譚旦冏、黃君璧、顧華。

50年代，故宮同仁在北溝庫房開箱清點善本圖書情形；背景中之木箱皆為抗戰南遷時之原用木箱。

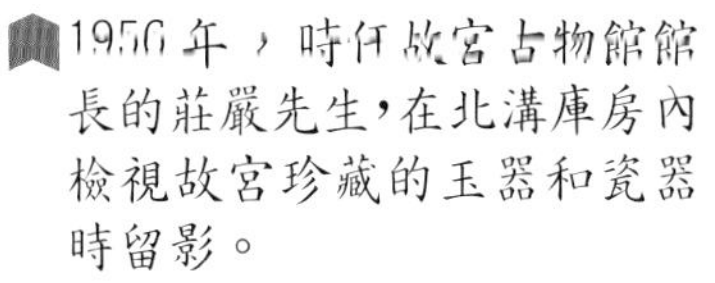

1956年，時任故宮古物館館長的莊嚴先生，在北溝庫房內檢視故宮珍藏的玉器和瓷器時留影。

50年代夏天，故宮同仁王振楷（中）、牛仁堂（左上）在北溝庫房內整理文物木箱情形。

1963 年 10 月，時任故宮古物館館長的莊嚴先生（右），與故宮管理委員會葉公超先生（中）、何聯奎先生，在北溝庫房中庭合影。

時任故宮古物館館長的莊嚴先生，與專程前來研究的瑞典漢學家喜龍仁先生，在北溝庫房中庭合影。

故宮文物庋藏於北溝期間(1950−1965)，蔣介石先生（前排右三）和夫人曾多次前往視察。前排左二為莊嚴先生。

故宮文物庋藏於北溝期間，國畫大師張大千（圖中有長髯者）每次返臺，必到北溝觀賞故宮書畫。圖為大千先生與陪同人員合影。右起：孔德成、那志良、莊嚴、吳玉璋、張大千，左一為譚旦冏，左四為大千先生義弟張目寒。

臺灣大學中文系師生由系主任臺靜農先生（後排左一）率領至北溝參觀故宮文物，與莊嚴先生夫婦（後排左三、四）合影。

1961年初，庋藏在北溝的故宮文物，首次運往美國巡迴五大城展覽。圖為國寶運抵美國後，自專用貨車上卸下的情形，隨同赴美的莊嚴先生（左二）在一旁監督。

1965年，位在臺北士林外雙溪的故宮新館建成，庋藏在北溝達十五年之久的故宮文物，便分批用卡車運到臺北。圖為文物在北溝庫房裝車情形，圖中最高者為莊嚴先生。

1965年6月，位在臺北外雙溪的故宮新館尚未竣工，圖為莊嚴先生（左二）與政府人員、中央民意代表巡視還在施工中的新館主體建築時留影。（莊靈攝）

1965年，莊嚴先生（車前面對鏡頭者）巡視即將竣工的外雙溪故宮新館山洞。（莊靈攝）

1965年，剛落成的外雙溪故宮新館，定名為「國立故宮博物院」。歷經戰亂的故宮國寶文物，終於有了安身的新家。臺北故宮已躋身為世界級的博物館。如今正館已經擴建，前面左方廣場也已建為至善園。（莊靈攝）

莊嚴先生和家人

1931年，莊嚴先生與申若俠女士在北平結婚後留影。

1934–1935年間，莊嚴先生與妻兒攝於北平。前方站立者為長子莊申，莊先生手中抱著的為次子，也是本書作者莊因。

1955年，莊嚴先生全家於北溝庫房前合影。左起：莊因、莊夫人、莊喆、莊先生、莊申、莊靈。

1953年，莊嚴先
生全家福。前
排：莊先生夫
婦、莊靈，後排
左起：莊喆、莊
申、莊因。

1954年，莊嚴先生全家於臺中霧峰北溝故宮招待所前合影。前排左起：莊喆、莊先生、莊靈、莊夫人，後排左起：莊申、莊因。（譚旦冏攝）

1957年8月，長子莊申與張琬結婚後，隨即奉召入營服預備軍官役，年底旋被派往金門戰地。圖為父母兄弟在臺中火車站為莊申夫婦送行時留影。左起：莊嚴先生夫婦、莊因、馬浩和莊喆，後排車廂內戴軍帽者為莊申，旁為張琬。（莊靈攝）

1965年，初到外雙溪時的莊嚴先生。（莊靈攝）

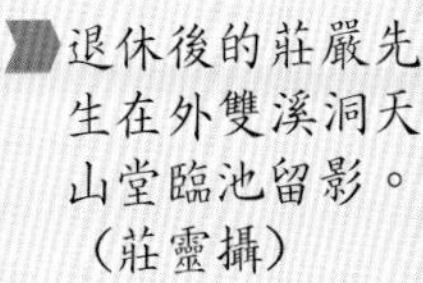

退休後的莊嚴先生在外雙溪洞天山堂臨池留影。（莊靈攝）

退休後的莊嚴先生常喜與藝文好友徜徉於自然山水之間。圖為莊先生某次與家人、故宮好友同往臺北市郊的新店溪畔遠足，揀拾雅石留影。（莊靈攝）

1973年，莊嚴先生於外雙溪故宮博物院旁之西側山澗舉辦了第二次曲水流觴雅集。圖為莊嚴先生於當日現場留影，神采奕奕。（黃永松攝）

北溝洞天山堂時期的莊嚴先生夫婦。（莊靈攝）

「執子之手，與子偕老。」1979 年，高齡 81 歲的莊嚴先生與老伴申若俠女士在臺北士林外雙溪居所合影。（莊靈攝）

1969年，退休後的莊嚴先生與老伴申若俠女士，在外雙溪附近登山途中留影。兩人背後之建築即為他奉獻畢生心血的故宮博物院。(莊靈攝)

1967年，以瘦金體聞名的書法家莊嚴先生，應《英文中國郵報》(*The China Post*) 之邀，在臺北市展出個人各體書法時，抱著兩歲的孫女莊苹留影。(莊靈攝)

住在外雙溪時，莊嚴先生夫婦經常和家人到宿舍附近郊外走走。圖為莊先生夫婦與媳婦陳夏生，和兩個小孫女於散步途中留影。(莊靈攝)

莊嚴先生和友人

1963 年農曆 3 月 3 日，上巳，莊嚴先生夫婦經過約一個月的籌備，邀集中外文友於北溝村外小溪畔，舉辦第一次曲水流觴雅集。因瓷杯無法浮在水面上，乃取竹筒從中剖成兩半作為「扁舟」來承載酒杯；再用一根繫著鐵鉤的竹竿，把扁舟拉到岸邊，然後將幸未翻倒的瓷觴中的酒送入口中。(莊靈攝)

1973 年為民國第二個癸丑，莊嚴先生夫婦又於上巳日在外雙溪故宮博物院旁之西側山澗，舉辦第二次曲水流觴雅集。彼日之友會聚，賓主盡歡。(黃永松攝)

莊嚴先生（左）和老友臺靜農先生（中）、張大千先生（右）於大千先生義弟張目寒家中小聚。（莊靈攝）

聚精會神的觀賞字畫。左起：臺靜農、莊嚴、張大千、張目寒。（莊靈攝）

莊嚴先生（左）和老友臺靜農先生（右）於臺先生溫州街寓所「歇腳盦」留影。（莊靈攝）

1978年，旅居海外多年的國畫大師張大千先生返臺定居，住在外雙溪的摩耶精舍，老友莊嚴先生常就近造訪，二人在摩耶精舍中庭合影。（莊靈攝）

莊嚴先生和老友王壯為先生研究歷代書藝留影。

莊因和家人

本書作者莊因和父母合影。

莊因和父親在北溝洞天山堂附近鄉間散步。(莊靈攝)

幼年時期的莊家兄弟。左起：老三莊喆、老二莊因、老大莊申，當時莊靈尚未出生。

1946 年，莊申（左二）、莊因（右）、莊喆（左）、莊靈（右二）四兄弟在重慶南岸海棠溪之向家坡留影。當時所有南遷川、黔的故宮文物，在對日抗戰勝利後都匯聚於重慶，等待運返南京。

莊因（右）和大哥莊申（左一）、大嫂張琬（左二）、四弟莊靈（左三）在臺中公園巨大的麻六甲合歡樹下合影。

莊因（左）和三弟莊喆於北溝庫房前合影。（莊靈攝）

大學時期的莊因。(莊靈攝)

大學時期的莊因，在北溝洞天山堂留影。(莊靈攝)

1964年，莊因自臺北飛往澳洲墨爾本大學任教，抵達時好友金承藝迎於機場。

1999年，莊因和兩位弟弟及家人重返貴州等地，尋覓兒時記憶和製作關於故宮文物南遷實況之「重返歷史現場」節目時，於抗戰期間貴州安順住處附近留影。(莊靈攝)

1999 年，莊因（右三）和弟弟莊喆（左四）、莊靈（右一）及家人重返南京等地，尋覓兒時記憶和製作關於故宮文物南遷實況之「重返歷史現場」節目時，於南京博物院前合影。

1999 年，莊因和兩位弟弟及家人重返四川等地，尋覓兒時記憶和製作關於故宮文物南遷實況之「重返歷史現場」節目時，在川南的石油溝舊址，與 1944 在當地擔任保長的李篤生先生重逢後親切交談。（莊靈攝）

2004 年 6 月，莊靈重遊貴州安順華嚴洞（抗戰時由莊嚴先生護運的部分故宮南遷文物精華，就暫時存放在此洞中）時，親自持燭查看據傳是當年莊嚴先生在洞壁上的墨筆題字。（劉振祥攝）

貴州安順華嚴洞洞壁上抗戰時的題字，此段模糊字跡經莊靈詳細考證後，證明是當時故宮博物院院長馬衡先生的手筆。（劉振祥攝）

漂流的歲月（上）

——故宮國寶南遷與我的成長

莊　因　著

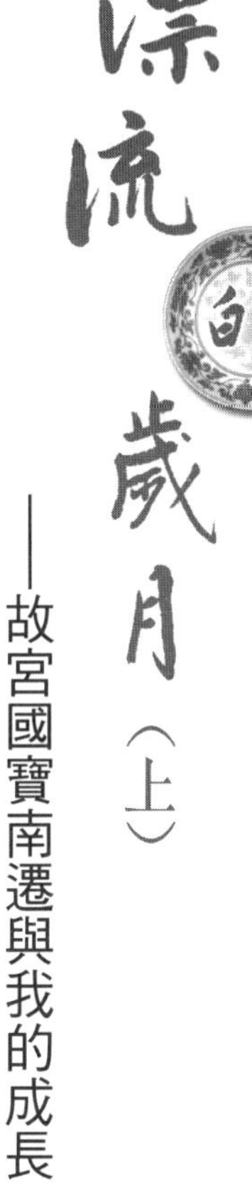

——故宮國寶南遷與我的成長

目次

第二部分 在高原之巔

第三部分 飛仙岩下，向家坡上

第四部分 愁在莫愁邊

第五部分 不容明月沉天去

支離東北風塵際，
漂泊西南天地間。

——唐・杜甫

楔子

我是一九三三年（民國二十二年）六月七日出生在北京（當時國民政府的「北平」）的。但是，四歲未足，就在蘆溝橋第一聲槍響，揭開了中國對日八年抗戰序幕的那一年，便離別故鄉，開始流浪了。蘆溝橋的槍聲，雖說並沒有在我潔白如雪的記憶中留下什麼痕跡，而那一聲無情的、強辭奪理的槍聲，卻實實在在侵略了我美好的童年，也擊碎了我完整如夢的幸福歲時。像雪崩一般，迸散成了點點滴滴斑斑累累的冰花淚雨，匯入了喪亂的洪流。

戰火，啟明了一個人時代。同時，也把燃燒著罪惡的影子烙印在我一雙單純無邪的眼瞳上。炮聲，炸裂聲，吶喊聲，軍號聲，馬嘶聲，哭嚎聲，悲泣聲，呻吟聲……化作了血與淚混凝而成的音符，譜入了長江黃河，由澎湃咆哮的水浪奔放奏鳴，自中華民族本位文化的腹臟向四方滾瀉——華北、華東、東南、華中、華南、西南……，沉鬱的時代悲愴命運交響曲，穿透耳膜，湧進了億萬人心田。從我有記憶以來，從不知自己曾享有太平兒童拍手嘻笑歡唱生命中許許多多亮麗美好事物的經驗。我的童年是堅硬而貧瘠的。我沒有初唱小貓小狗、小羊小馬、小溪小花小草、燕子蝴蝶蜻蜓的快欣；沒有初唱春風、星星、月亮、太陽、青山、碧野、大海的溫馨光揚。平安、快樂、祥和歲月中的孩子們所感受到的明悅、可親、晶麗、清爽又復溫暖的一切，我都沒有。跑進我童年意識中的是槍和炮、子彈和刺刀、黑暗與鮮血。戰爭，那我毫無概念也極其陌生的怪獸，把我吞噬了。

我永遠永遠記得，有生以來我第一首耳熟能詳也習唱的歌曲，沒有任何人正正式式教導我，而是聽聞一人唱、十人唱、百人千人萬人唱之後，無師自通琅琅上口的〈松花江上——流亡三部曲〉：「我的家，在東北松花江上。那裏有森林煤礦，還有那滿山遍野的大豆高粱……」歌聲流瀉，越過長白山，俯過中原，跨過奔騰的黃河，展向慍怒的長江。無需任何人教授，只要有一個熱血填膺的胸膛，就一定可以接納得下，也一定會認同，因為那是大時代民族命運的悲歌。於是，你就會自然而然，欣欣首肯，隨之引吭高歌了。這樣的經歷，如今想來，很難分辨言說是幸與不幸了。我那時，一個知識乍萌、對於生活的感受猶是愚騃，對善與惡最基本的概念尚未成型的孩子，在從未經理性過濾及平衡的生活環境裏，竟茫然接受了四萬萬五千萬同胞濃烈激揚的感情輸血。這一個事實，讓我惶惑，讓我緊張，也讓我不知其所以然地感動。一半自發一半被動地，我接受了這樣的時代命運。我就在〈松花江上〉的歌聲中成長了。那歌聲，有時像夏天的狂風、霹雷和暴雨；有時像曠野秋聲；有時像寒月下的裂岸驚濤；有時像暗夜裏迢遞的海潮。一遍又一遍地，不停推掃，把我推入了龐雜、苦難的流亡人潮之中。我就像浪頭的水花一般，不斷向前灑落。當更多人血流成河，當更多同胞妻離子散，當更多人家園化為灰燼，當更多人屍骨堆成巨山的時候，我在逃亡。我在流浪。

逃亡。流浪。這都無庸辯說。我想申說的是，我是如何摻入了這逃亡流浪的人潮中的。我想知道的是，正如〈松花江上——流亡三部曲〉中唱出的：「流浪到那年？逃亡到何方？」

我最後得到的回答是：我是全然被動地隨家逃亡流浪的。我不是有意識地自發地逃亡流浪的。「被動」及「自發」之間有著頗大的差距，前者的悲劇性遠勝於後者。因為，這已屬於無可奈何的了。一九三七年，當時父親任職於北平的故宮博物院，奉政府命令押運國寶疏散後方。他也是「被動」的負責國寶的安全，艱困輾轉數省，最後才在抗戰期中於貴州停駐下來，長達五年。在戰前，故宮博物院的國寶藝術精品，分別置放在八十隻訂製的黑鐵皮大箱中，運至英國倫敦展覽。父親便是當時的主要負責人。而故宮國寶在抗戰時期的南遷工作，仍以那八十隻黑皮大鐵箱中的藏品為主，由原先負責押運出國的人——父親，再度膺命護運。一九三九年（民國二十八年）到一九四四年（民國三十三年）存放貴州省安順縣，一九四四年底遷到四川省南部巴縣，一九四六年自巴縣再遷至四川重慶市，一九四七年隨同故宮在抗戰期間存放四川省峨眉及樂山兩地的其他文物，一併遷回南京市。國寶文物歷經滄桑，回到了故宮博物院原南京分院堅固的庫房中。但好景不常，不到兩年，國共齟齬加劇，終於在一九四八年年底遷運臺灣。

我，就是在這一段不停遷徙的時序——自中日戰爭，及國共內戰的炮火礪煉中長大。從一個愚騃的孩童到失鄉的少年。再漂流到臺灣，於十數年「天涯靜處無爭戰」孤寂的日子裏，蛻變為一個志在四海的中年，而終於在一九六四年離家去國，長期棲遲域外。故宮國寶的播遷，像似一列長長的火車，翻山越嶺，馳過平原，跨江河，衝山洞，噴吐著蒸氣奔向遠方。國寶給了我得以親炙、崇欽、吸收瑰麗中華文物藝術精粹的良機。它點化了我，賦予了我如何安身養生立命長志的認識，在中、西文化交流的契機上去宏發我對人類文化的關懷。去國以後，我在澳大利亞和美國生活了四十餘年，政治上我是一個美國人，但在文化的感情和認知上，我是一個十十足足道道地地的中國文化人。這列從北京開出的文物火車，我深悉它終必馳返原點，而我也一定會再搭乘這班火車返回故國。

一九四八年年底，我到了臺灣。我在抵臺後一九四九年一月一日的日記上這麼寫：

當年逃難，千逃萬逃終未逃出中國。而這次居然「出國」了。臺灣，臺灣是個什麼地方呀？它真的沒有出現在我讀過的地理課本上。歷史課本上提到臺灣是割讓給日本了。我雖然也知曉臺灣在第二次世界大戰後重歸中國的領土，但我這次到臺灣不可免的有「出國」的感受。

日記上的記錄，是一個身經巨變後的少年真真實實的感受。如今，我在海外異鄉度過了四十多個春秋，這才是真正的「出國」呀！而這樣的出國，全然出於一己決定。一個失鄉之人在歷史上竟然萌生「假出國」的意念來，委實是沉痛的。但不管是假出國還是真出國，從被動到主動，我的名姓未曾更改，我強烈的中國意識未曾動搖，我的生活習慣未變，我的髮膚顏色始終如一，我的中國文化優越感也從未減退分毫……可是，這麼長久以來我卻未能在我心中潛在的中國度過，說起來是何等無奈、何等遺憾和何等悵惘的事啊！從自幼背井離鄉的一個孩子，到皓首天涯的一個古稀老人，我心中的一個中國始終沒有浮現，當然是極大的隱痛。我的大學同學、朋友，像陳若曦，像劉大任，他們曾經回歸「中國」，卻又失望地離開了。他們（也包括我）只能在非中國的土地上和政治環境中作一個足實的「文化中國人」，如此而已。

這樣的心目中的文化的中國，也許就是數以千百萬散居世界各角落的中國人的中國情結吧！「愛中國」，由於各人涉入程度的不盡相同，其所表現之方式亦殊異。拿我自己來說，我生於中國，長於中國，受完整的中國教育於中國，是一個十足的中國文化培育出來的中國人。可是，我已然非落實於中國的土地上了。我的大學同學兼朋友的知名小說家白先勇說：

我來美國二十多年了，但我還是一個道道地地的中國人。要不是國家分裂，我怎麼會留在美國，過寄人籬下的生活呢？我一定是在上海或南京。國家搞好了，不但現在的留學生會回去，我們這些人也都會回去。我愛中國，但，我愛的既不是國民黨的中國，也不是共產黨的中國，我愛的是有五千年文化傳統的中國。我們的國家在政治上暫時不能統一，但在文化上卻是可以先統一的。在我國歷史上，隋唐以後的五代十國，國家雖然四分五裂，但文化上是統一的。各自都保持著中國的傳統文化。我非常熱愛我們的國家，我希望我們的國家能夠強盛起來。我雖然身在海外，但幾乎每一天都注意中國發生的一切事情。由於我的家庭和父親的教育，使我成了一個國家主義者。

白先勇曾經這麼肯切卻也無比痛心地說過。我也一樣，因為我也是一個像他那樣的國家主義者。我的家庭背景再加上父親的教育，使我成長為一個國家主義者。不僅如此，我更是一個徹頭徹尾的「中國國家主義者」，因為故宮傳統文物國寶長久以來所給予我的薰陶。我不但認為，而且更其堅信，那列曾載著我發自北京的文化火車，馳騁萬里把我送到海天一隅，那麼，我終究會再乘它回到我的故鄉去的。那有永不回頭的火車呢？這列火車，或許是暫時脫軌了，但是故宮國寶就是彌足珍貴的動力燃料，一旦生燒起來，等到政治上的兩個中國接上了軌，我就會乘著它在光天朗朗之下衝回中國去，到達北京的。

這份信念，不僅感性，更其是相當理性的。感性的信念是虛浮的，而理性的信念則是紮實且穩妥的。我的岳母林海音女士生前，曾經在她《兩地》散文集一書的序言中這樣寫：

兩地是指臺灣和北平。臺灣是我的故鄉，北平是我長大的地方。我這一輩子沒離開過這兩個地方。……北平是我住了四分之一世紀的地方。讀書、做事、結婚都在那兒。當年我在北平的時候，常常幻想自小遠離的臺灣是什麼樣子；回到臺灣一十八載，卻又時時懷念北平的一切，不知現在變了多少了？總希望有一天大陸光復，噴射機把兩個地方連接起來，像臺北到臺中那樣，朝發而午至，可以常來往。那時就不會有心懸兩地的苦惱了。

《兩地》一書的序言，是作者一九六六年在臺灣的臺北寫的，距今幾乎是半個世紀了。斯時的中國大陸和臺灣之間，在政治上和經濟上，還沒有有限度的破冰解凍。所謂「兩岸三通」的設想也僅止於構想。然則，半世紀後的今天，「兩岸三通」已經由「構想」變成雙方認為有可行性的一個「議題」了。雖則兩地尚未正式地連接起來，噴射機自香港繞上一個彎已可以朝發而夕至了。拿我目前的境況與心情和當年岳母的境況與心情來比較，我已經不似她自己描寫成的「苦人兒」了。我想到中國去，到北京去，只需買一張噴射機票，拔腿就成行了，而無需再「心懸」了。細說起來，我與岳母的情況有下列的異同之處：

一、「兩地」是指臺灣和北京，我們完全一樣。其所異者是，臺灣是她的故鄉，而北京是我的故鄉。

二、她在北平長大，而我則在臺灣長大。

三、她在北平住了四分之一世紀，讀書、做事、結婚都在那兒。我在北京卻僅止住了四年，離開時一無所知。而且讀書、做事和結婚全都不在那兒。

四、她當年在北平的時候，常常幻想臺灣是什麼樣子；而我當年在臺灣的時候，卻是常常幻想北京是個什麼樣子。

五、她當年不知道北平變了多少了，我也不知道。但我在一九八一年，雖乘飛機起自一個第三地方——美國，我是以「華人」的身分而「受邀」訪問中國，回到了故鄉北京的。所以，我比她幸運。因為，她當年連「華僑」或「華人」的身分也沒有。

六、岳母已經過世，她「希望有一天大陸光復」的希望永遠沒有親自看見它實現的一天了。而我是活人，她當年的希望，對我而言，很有實現可能的一天。而我也在內心強烈地感受著那希望的迫切感。

總而言之，我已經在美國長住了四十年，遠遠超出了岳母當年在北平長住了的「四分之一世紀」。她的「兩地」，於我已經擴增為「三地」了。最重要的，是我不必再似她當年「心懸兩地」了。最近的臺海之間兩地關係的發展，強烈地給了我一種新的感覺，那就是岳母當年「希望」兩地連成一地的希望，其實現的可能性已越來越大。是此，我的希望——自美國乘坐噴射機先回臺灣，再直飛北京，已無需自香港乘坐火車馳往北都，已經變成隨時成真的可能性了。

我在前面已經言說，之所以有這樣一份強而濃烈的信念，都與父親自幼給予我的教育（身教而非言教）有關。更與故宮文物長年對我所產生的影響有關。每思及此，侯德健先生的那首〈龍的傳人〉的歌曲，便會在耳畔心上泛起。每一個音符，每一詞句，都跟樂聖貝多芬〈命運〉交響曲一樣，重重地敲擊我的魂靈：

遙遠的東方有一條江，
它的名字就叫長江。
遙遠的東方有一條河，
它的名字就叫黃河。
雖不曾看見長江美，
夢裡常神遊長江水。
雖不曾聽見黃河壯，
澎湃洶湧在夢裏。
古老的東方有一條龍，

它的名字就叫中國。
古老的東方有一群人，
他們全都是龍的傳人。
巨龍腳底下我成長，
長成以後是龍的傳人。
黑眼睛黑頭髮黃皮膚，
永永遠遠是龍的傳人。

我見過長江美，有生以來已前後三次沿江而下；我也聽過黃河壯，因為抗戰時幼小的我就唱過〈黃河大合唱〉，及長更聆聽過此曲無數遍。我於一九八一年訪問中國，在西安，也到了黃河邊上。沒有下水，但在河邊汲水洗手，讓河水

1999年，莊因和弟弟及家人重返貴州、四川、南京等地，尋覓兒時記憶和製作關於故宮文物南遷實況之「重返歷史現場」節目時，偕子莊誠攝於武漢湖北省博物館正門口。（莊靈攝）

浸透皮膚，直串灌胸臆內的熱血。一霎那，我當即感覺到自己的千古萬年黃河兒女流盪澎湃情懷，因此，長江和黃河澎湃洶湧不是在夢裏。我雖然不是完完全全在巨龍腳下成長，但我從來就認為我是一個龍的傳人。我的兒子雖說生於美國，成長於美國，是一個政治上不折不扣的美國人，可是他也一直認為他是中國人。而他的妻子李康來自中國陝西省西安。所以，我更可以理直氣壯地說，我是龍的傳人了。

二〇〇六年六月

第一部分

父親、故宮、流遷

在父親往後的大半個世紀中，
他隨著國寶流遷，國寶也陪伴著他。
為人子的我就在他與故宮文物這種互動中成長。

父親和故宮國寶的一生情緣

父親名嚴，字尚嚴，號慕陵，晚年自稱「六一翁」。清光緒二十五年（一八九九）六月八日出生於吉林省長春市。未滿週歲，遭逢義和拳匪之亂，襁褓中隨家四處逃亡。次年，東北亂事起，二歲稚齡即隨家經山海關落難暫居北京。次年（一九〇一）義和拳匪亂平，而生母朱禧珍女士病逝北京，遂與家人歸返吉林。中華民國元年（一九一二）自吉林省立第一中學畢業。一九一七年十九歲，逕赴北京報考北京大學預科，一九二〇年正式考入北京大學哲學系，先後受教於胡適、馬衡、沈尹默及沈兼士諸教授。一九二四年二十六歲，自北京大學畢業。旋經沈兼士教授大力推薦，任北京大學研究所國學門考古研究室助教，並兼任清室善後委員會事務員。是年十一月，清廢帝宣統出宮，「清室善後委員會」正式成立，並接管整個故宮，負責清點宮內文物。自該時起，父親即奉政府派令參與清點清宮文物工作。一九二五年，「故宮博物院」正式成立，父親以二十七歲英年成為故宮博物院的一位成員。

在這二十幾個中國近代亂世的年頭中，父親處身於相當不凡的不平靜中：自拳匪之

1924年，北京大學畢業後，初入故宮博物院工作的莊嚴先生。

亂出關入關；八國聯軍；清亡民國建立改朝換代；袁世凱改元稱帝；五四文化運動；北伐以及一九二八年他以第一屆北大與日本東京帝大互派留學生前往日本求學兩年。大體上可說是身不由己的一再遷徙，彷彿注定了他終其一生的播遷漂盪。

一九三〇年父親自日留學返國，即應母校北大國學門研究所考古組約聘，參加「燕下都考古團」在河北易縣舉行的文物發掘工作。一九三二年，為了因應國家在政治及軍事上的局勢，故宮博物院決定有系統地將院藏文物分批移運南方。次年，父親升任故宮博物院古物館科長。故宮所藏圖書、文獻、古物分成五批先後運抵南京及上海。一九三五年，父親奉政府派令押運故宮文物精品赴英國倫敦展覽。次年，故宮博物院在南京興建之南京分院竣工，故宮暫存上海之文物與赴英展出之文物悉數存放南京分院，而翌年父親經院方調派任職於南京分院。同年七月，蘆溝橋事變發生，為了故宮文物免於戰火，存放南京曾赴英倫展出之文物精品經水路及陸路輾轉移運至貴州省，最後存放於安順縣。這一路長途跋涉，都由父親總負其責。一九四四年冬，日軍撲攻貴州，存放於安順之故宮文物緊急疏散遷運四川，存放於川南巴縣之一品場。一九四六年，抗日勝利後次年，文物又遷重慶市南岸海棠溪之向家坡。一九四七年，文物由船運沿長江東下至南京，存放於戰前之故宮博物院南京分院舊址。一九四八年年底，國共齟齬轉劇，存放南京分院之文物首批由父親膺命乘軍艦遷運臺灣。抵臺後，文物先存放新竹縣楊梅（楊梅當年是在新竹縣，桃園縣是後來自新竹縣分出來的）。一九四九年一月及二月，原存南京分院故宮文物第二批及第三批運至臺灣。三批運臺故宮文物，計古物一千三百八十九箱，圖書一千一百九十八箱，文獻二百零四箱。至此，故宮運臺文物經匯集於臺中市，貯放在臺中糖廠倉庫中。同年七月，「國立故宮中央博物圖書院館聯合管理處」（由故宮博物院、南京中央博物院籌備處、中央圖書館、中華教育電影製片廠四個轄屬單位聯合組成）成立。次年（一九五〇），聯管處在臺中縣霧峰鄉北溝村新建之庫房竣工，於是遷臺之原故宮文物悉數存放於完工之山邊庫房及後方山洞中，前後長達十五年之久。

一九五五年，父親年五十七歲，升任故宮博物院古物館館長。同年，聯管處之中央

1950 年，正在興建中的霧峰北溝庫房。

北溝陳列館落成，政府和文化學術界重要人士均蒞臨參觀。左起（一至三）：黃季陸、蔣復璁、孔德成，羅家倫（五）、梅貽琦（六），中為王雲五。右起（一至三）：包遵彭、莊嚴、陳啟天，王世杰（五）、張其昀（六）。

1965年，正在興建中的臺北外雙溪故宮博物院正館外觀（莊靈攝）。

圖書館及中華教育電影製片廠二單位先後獨立復館復廠，聯管處於是易名為「國立故宮中央博物院聯合管理處」。一九五七年，故宮中央博物院聯合管理處在霧峰鄉北溝村新建之文物陳列室落成，至此，自一九三二年從北京南遷之故宮文物，在長達二十五年之久後，終於正式對外開放，供世人欣賞瞻仰。一九六五年十一月，政府在臺北士林依山建築之大型新故宮博物院落成，原「國立故宮中央博物院聯合管理處」撤銷，故宮及中央兩博物院遷臺之文物合併，存放新館，新館定名為「國立故宮博物院」。幾經播遷，歷經戰亂的故宮國寶文物，有了安身的新家，以獨領世界古文物藝術之最高收藏風騷展現了絕代無雙的風華。

父親於一九六四年升任故宮博物院副院長，至一九六九年退休。他奉獻了畢生心血的故宮博物院，自北京歷經戰火喪亂，跋涉去臺，終算有了安定的棲身之所，恢復了昔日雍華。對國對己，他都可以被認為是鞠躬盡瘁，紓懷展志了。

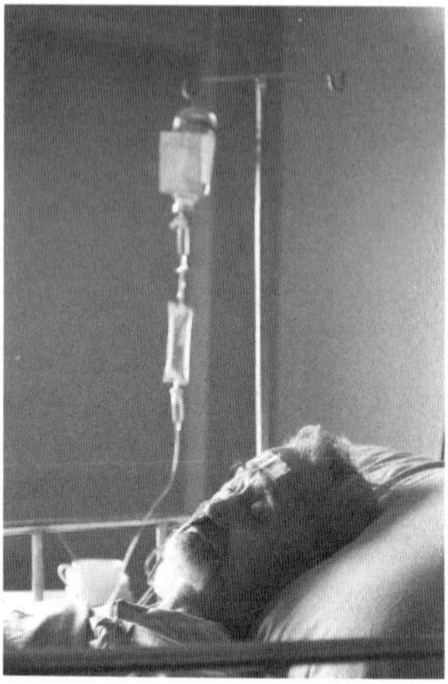

1979 年秋，莊嚴先生因腸疾住進臺北榮民總醫院，翌年 3 月 12 日病逝，享年 82 歲。（莊靈攝）

一九八〇年，父親以八十二高齡病逝臺灣臺北。

生前以「守藏吏」表述其對於故宮文物之保管、發揚（一次負責文物赴英倫展覽，一次赴美五大城展出）、搬遷、研究及各方面職責之忠恪的父親，真是與故宮國寶文物建立了一生情緣。而相對的，我也想說是故宮文物把他薰染陶鑄，成了一個仙風道骨、適性知情、無寵不驚、隨遇而安的現代中國文士。就在他過世的前一年，父親在病中自書了「白鬚一把，赤血滿腔」八字，似乎正說明了他對故宮文物的忠恪情緣之不渝。這也展現了父親非凡的生命理想。

我的父親莊嚴

雖然父親生於東北，但是，他的大學求學時期是在北京。結婚於斯，成家於斯，立業於斯。北京是中國的歷史人文之都，故宮可謂都中之都。故宮博物院所擁有的貴瑰國寶，是全中國世界級的文化精粹。在數億中國人口中可以朝夕吮吸文化靈養的極少數人中，父親是一個幸運個體。而在他往後的大半個世紀中，隨著國寶流遷，國寶也陪伴著他。為人子的我就在他與故宮文物這種互動中成長。我，毫無疑問是一個見證人，同時也是一個優質中國文化的受益人。

按照出生籍貫，說父親是一個不折不扣的北方人，是沒錯的。但是，在中國人溯源尋根的習性上及在邏輯上追探，他又應該是祖籍江蘇武進（今常州）的南方人。說他是北人南相，似不為過。一九八七年吳祖光鄉兄訪美過酒蟹居，我向他稱道此事，他笑說：「這完全合情合理。武進的吳氏族譜中明載，吳莊兩家曾有聯婚。」而祖光兄的尊翁與父親當年同在北京故宮博物院共事，也曾明確證實父親乃是常州莊氏家族之後。我之所以道出此點，意在說明似乎冥冥之中，父親的家世背景已命定了他終生系列的漂流生涯。除了他童少期關內關外的流徙播遷；及長，赴日留學；一九三五年大學畢業後，經政府特派押運故宮文物赴英倫展出；抗戰期間負責護送文物逃難安遷；一九四八年故宮文物轉移臺灣後的數度易地遷搬；一九六一年赴美督導安排故宮文物在華盛頓、紐約、波士頓、芝加哥及舊金山五大城展出；一九六二年隨「中華民國書法訪問團」赴日本訪問促進文化交流；一九六六年又以「中華民國書法學會訪問團」團長之名義赴韓國訪問。這一連串的文化流動，不但直接間接與故宮有關，他也似撫動了中國藝術的琴弦，將中國藝術文化的歷史與光彩音韻無遠弗屆傳播四海。古城北京的北京大學的自由澎湃教育，啟滌了少壯期的父親，精質的中國文化撫育了他的一生。而時代，故宮的長期服務，播遷，再給予了他機緣增添了無限浪漫品味，成就了父親身為珍貴中國文化鮮活化身的尊榮。一九八八年，在臺灣出版的優質文化雜誌《天下》月刊，精選介紹了自清代以來對臺灣社會與文化最具有影響力的二百位名人，父親名列其中，可說是當之無愧。

我不能說父親是一位偉人。但是，我肯定他一生因浸染於中國藝術文化的無盡光輝中，吸收並散發出醇厚誘人的高尚人文品質的事實。

父親究竟是一個什麼樣的人？我以人子之身與同他相處三十餘年的朝夕親證所描摹出的一張圖像，終不免流於主觀。那麼，我們且來看看，父親在他生前一般親友學生甚至於外國文化界人士心目中所留下的剪影吧。

年少而有長厚氣

一個進入「大學時代」的人，在其人生壽數上，已經是「弱冠」之年了，距離「而立」大約還有十個年頭。在這個階段，無分男女，基本上都生理完全發育成熟，而心理上堪稱健備，在事功上可說楷基初立了。在此一時段的父親，他的北大同學、一生至交的前臺灣大學教授臺靜農先生的文字描寫最為稱允。他說，當年與父親同住北京馬神廟附近時，父親在他的眼中是一個「清瘦白皙、西裝懷錶、個子不高、走路頗急、看似紈袴，卻不儇薄、年少而有長厚氣」的人。如果用更通俗的現代語詞來說，當時的父親是一個「打扮得稱頭體面、卻不輕佻，面帶忠厚之氣，兼有才具的書生」。這樣的選擇了「哲學」為其專業的大學生，至少不是華而不實，虛有其表。靜農世伯是以文字為彩墨來為父親繪像，如果以文字來描寫形容，則各家對父親的印象又各有重點了。

國寶的守護者——「老夫子」

我記得，臺灣故宮博物院中父親的同事，當年並未經投票取決，他們異口同聲給了父親一個「老夫子」的綽號，幾乎每個人都以此稱呼父親。這其實是對父親景慕的尊稱。

故宮國寶存放臺灣臺中縣霧峰鄉北溝村山洞之初，除了曾經運英展覽的文物精品貯放在八十隻特製的黑鐵皮大箱中外，其他文物都置放在木製箱中。山洞空氣不暢通，且陰寒潮溼，故需經常定期開箱取寶，曝晾於日光下通風以保文物質的永久性。

舉世無雙、身價無限的國寶，因無館舍對外展示，就那麼安安靜靜、與世無爭地憩歇在木

1953 年秋，北溝庫房之防空山洞建成，故宮、中博、中圖等中央文管處同仁，在洞口前留影。後排中央戴眼鏡者為莊嚴先生。

箱之中，與防腐防蛀的樟腦丸所散發出的辛烈氣息相呼吸。世界級的無上珍貴文化瑰寶，竟遭到如此冷落與薄倖的境遇，大概外人實難想像。當時政府遷臺未久，百事待舉，正值中央地方所謂的「克難」時期，連政府各機構因遷臺的公職人員每月生活的必然物資如柴、米、油、鹽、糖都經政府限戶限量配給，照顧人都已萬般艱困，遑論其他。國寶又如何能穿金戴銀，高人一等？大約也只能感喟地說一聲「生不逢時」吧！

在那樣的「大時代」裏，故宮的無價文物珍藏，也就如同潦倒的世族貴冑子弟，遠離了朱門，拋棄了錦衣玉食，散落民間如塵埃，只能自求多福了。世冑豪門子弟後人落難，多有家國的一批忠臣良僕，貼身照拂。而對故宮文物來說，「國立故宮中央圖書院館聯合管理處」的一批隨政府去臺的員工，包括父親，可謂對國寶終日「噓寒問暖」的幹部了。當時對文物定期清查曬晾的工作，父親好似大內領班，最喜愛的穿著是藍布長袍一件，略微給自己一點文化上的自尊。藍布大褂，黑皮鞋，眼鏡，清癯的身型，那就是五四時代北京有故識新思的文化人的典型。父親自屬那個時代的一份子，所以，這樣的穿著與對工作的熱忱，怕亦是不由己的吧。

振衣千仞崗

這樣的文化遺風，在我一九五三年進入在臺北的臺灣大學時，各學院隨政府去臺的教授們，每年秋冬之際，許多人也都是長衫一襲，尤其文、法學院的教授們如此。斯時的臺灣，中央政府自大陸撤守不久，在經濟上一如雨後的泥濘地面，行走困難。政府當年的口號是「發揮克難精神」，這對於身受抗戰苦難，背井離鄉流落臺灣的大陸人士來說，在精神上不能不說是一種尷尬。而在物質方面，情況雖稱未若今日之富饒，但較之抗日時期，卻堪稱進步頗多。唯一令人們感到「貧乏」的，就是人文空氣的稀薄。當時臺灣的學術界，除了傳統國故性的文史著述外，凡在思想領域稍有新說異見的文章論述，概在禁斥之列（臺灣大學哲學系教授殷海光先生及《自由中國》雜誌主稿人雷震先生之先後遭到折磨，便是一例）。所以，文化人在精神上的凝滯空虛之感，似乎就被在物質層面外型上的藍布大褂給覆罩下去了。說是靈與肉的配合，也未嘗不可。五十年代的中國大陸，共產政府立國未久，國故慘遭銷毀撻伐，全國一片紅海。在穿著上，列寧毛裝舉國男女皆一，五四時代有識之士的長袍大褂被棄捨。正因此，少數的一批忠於人文的學界人士，有幸經他們把長袍大褂帶到了臺灣。在二次世界大戰後曾遭到日本文化洗劫而終於光復的島上，「振衣千仞崗」，飄起了一片藍色有尊嚴的旗海。襯著青天，隔著大海，予人一種振聵啟聰的興奮，彷彿黃河之水天上來。我當年在蘊滿北大自由清新空氣的臺大校園中，因中原板蕩，光存神州一隅，藍布長衫大褂，對青年學子詔啟滌心拭面以維人格自尊的器識。它給予了我厚實樸拙的人文給養，我不但見到了中原文化的源綿，也在臺灣見到了一支自傳統人文精神嬗遞而來的新文化的建立。在那樣的時代脈搏下，感受到了「十丈紅塵，千年青史；一生襟抱，萬里江山」（吳祖光鄉兄所贈聯語）的書憤與豪情。

「老夫子」被包裹在藍布長衫黑皮鞋與眼鏡的「五四」品牌文化裝扮裏，「舊」與「新」的時代氣氛遂完完全全被襯托出來了。他的那種仙風

「一生襟袍，萬里江山。」身著長袍的莊嚴先生和臺靜農先生。（莊靈攝）

道骨的瀟灑，剛毅清逸的雍容有度，散透出一股仁和溫馨。我想，必然是在這樣的親炙感受中，父親贏得了故宮同仁上下的交譽與一致的崇敬。

既使我生敬仰之心，又使我有親切之感

父親律己甚嚴。他對我們兄弟四人也極莊肅。「身教」是他給予我們的家庭教育。他從不用空泛華而不實的言教教育我們。對於學生或外人，他一向是滿面微笑，以嚴正但謙和雍容的態度及負責的識見來加以獎掖。因此，大家會在父親身上感受到極大的安全、輕鬆和自信。前臺灣大學教授齊邦媛女士說：「看到他（父親）的笑容，就覺得多些信心，覺得經歷了數千年歲月的文物也多了一份溫馨。因為，在那領域中，他就是活水源頭般豐沛的智庫」，真是持平之論。在文化界，許許多多人描摹父親所用的詞彙如「具長者風範，處世平和，平易近人，與人無忤」（前故宮博物院副院長昌彼德先生）；「高風亮節，溫文脫俗，有瀟灑風神」（父親生前門生，前故宮博物院副院長張臨生女士）；「對世界充滿好奇，是一位童心未泯平易近人的諄諄長者」（臺灣知名小說家施叔青女士）；「敬業愛徒，不亢不卑，蓄剛毅清逸之風骨，笑傲於溷濁的社會中，引發慕賢者之幽思」

莊嚴先生展示平生最得意的收藏之一——好大王碑原搨。(姚孟嘉攝)

(父親生前高足,中國美術史教授蔡秋來先生);「對我國的文化事業貢獻極大,為國寶盡心盡責,忠於職守,為中華民族立了一個大功」(前北京郵電研究院教授葛彥先生);「廣受學生愛戴尊崇的學者,博學精湛,誨人不倦」(父親於抗戰時期在貴州安順黔江中學學生王心均先生)。

莊嚴先生在國立歷史博物館演講時的神情。(莊靈攝)

除了國人對父親的描述出之於文字外，連他生前的外籍朋友都對父親有下面的筆墨形容：前美國華盛頓弗利爾藝術館 (Freer Gallery of Art) 館長羅覃 (Thomas Lawton) 先生逕呼父親是一位「君子」。他說父親是「當代出類拔萃的書家。我們深知其潛藏的幽默，這也就是他超異於常人的正直完美的人品，造就了莊尚嚴先生如此這般的形象。他逍遙的一生，刻畫出了一位中國傳統文士正人君子的典範。其所散發出的幽光，無時不令人覺得透露出孺慕之情。他的博學、溫文儒雅、以及對故宮寶藏所展示的熱情與風儀，博得了世人對他的一致讚揚。」又，美國前卓名中國美術史教授艾瑞慈先生稱讚父親是一位「謙和、心胸寬闊，沒有一點踞傲作風的君子。」他還說：「對莊先生來說，我們似乎很難將其人與他服務了數十年寒暑的故宮博物院分別開來。或許我可以代表西方的我的同行這麼說，我們西方人，對中國不朽的文化遺產之所以能有餖飣知識，實得益於那麼受人景仰的莊尚嚴先生的無盡友誼。莊尚嚴先生可說是對他守護畢生的故宮文物見識深廣的知識分子。」

前述中外文化界人士對父親的描寫，雖稱正面，但容或稍有溢美之嫌。我以為父親生前與之私交甚篤的老友，前故宮博物院副院長李霖燦先生的評論最是平易近人、最得體、最傳神、最生動也最貼切。他是這樣為父親作文字畫像：

在千萬相識的人群中，有的人使我敬仰，有的人使我親近。但是，在莊尚嚴先生，二者得兼，最為難得。因為，他既使我生敬仰之心，又使我有親切之感。也不僅是我一個人如此，許多年輕的朋友都有同感。我們都欣賞慕老那一種風神飄逸之美。大雕塑家羅丹，曾把一位老婦人的雕像標題為〈美女〉，這是高一級的內在之美。鑒賞能力深遠的人，可以由「骨法結組」之中，看出來她往昔青春之美。我一想到了昔日翩翩少年的莊慕陵，把一生珍貴光陰於國寶守護中消耗殆盡，而於白髮盈騰之際，遵守國家法令，從終生的崗位上退休，豈只是感動和敬仰，其生涯行程跡轍，歷歷如繪。簡直就是一座極美麗的雕像。

李先生稱說父親的形象「使人敬仰」，那是因為「高山仰止」之故。既如此，「高山仰止」就難免令人產生與敬仰之間的疏離感，不易親近。而如果感覺上過於親近，又易予人狎昵之偏。因此，李先生認為家父生前給他的印象是「敬仰」與「親近」二者兼具，實係神來之筆的形容。我認為，他的說法，似乎可以作為社會大眾不分層級、行業、學識，對父親一致的代言了。

一襲青衫，滿腔赤血

前述的青衫大褂，如今都早已成為「國故」了。不論海峽兩岸的中國大陸或臺灣，早不是供選樣的服飾，恐怕只是演藝圈對於近代史上的人物突出其真實性與戲劇性的一種服飾而已。我並不清楚父親當年身為北大學生時是否已經穿著藍布大褂，他自己從未道及，我也從未問詢過。臺靜農先生怎麼可以只在當年看到一個只是「西裝懷錶」打扮的父親？父親當年是否也穿長衫，當係合理的邏輯推論。我認為父親當年一定也穿長衫，不可能只在到了臺灣忽然穿起長衫來了。他穿長衫很有派頭，也極其熟練自然。根據我的回憶，在抗戰期間，勝利之後自四川歸返南京這一階段，似乎並未見父親常時穿著。他終年穿著的是箱中於他押送故宮文物至英倫展出時製做的兩套毛料西服，以及各當地廉價的衣物。

父親長年穿著藍布大褂，竟是到了移居臺灣以後的事實，引發了我很大的追究原由的興趣。臺靜農先生說父親當年在北大做學生時，是「西裝懷錶」新派洋派的青年打扮。

之所以洋派西派，因為斯時全中國在時代巨變中，有識之士對西潮的因應外在的呈現。那一代的有為青年，像胡適、羅家倫、蔣夢麟、林語堂、傅斯年、魯迅……他們崇洋而不媚外，外型的西化只表示他們對西化的深切支援，而絕非讓西方文化腐蝕心骨，因為他們的內在精神仍是中國的。「中學為體，西學為用」就是他們對西化強深的體認。絕不似「假洋鬼子」外黃內白的「香蕉」人。藍布長衫，正是五四前後前衛忠貞國士的造象。抗戰時期的文士，不論豐子愷、朱自清、錢穆、老舍、林語堂、胡適、不論海內海外，他們穿著的藍布大褂就是代表國士的制服。像臺靜農、李濟、董作賓、家父等稍屬後輩的人，浮家泛宅，把「舊京塵」帶到了臺海一隅，與另外一大批上世紀二十年代三十年代在大陸原就身心蒂固的文化國士們，披起了藍布大褂，開始了五四文化運動以後另一時期的民族文化薪傳。

到了上個世紀的七十年代，這批國士們，或壽登耄耋，退出杏壇，消沉於文化界；或相繼謝世了。那青衫排浪的餘波及振衣千仞崗的氣象，在臺灣的上空斂消了。不見青衫人去遠，結束了他們纏綿辛酸的戀舊情思，也同時結束了一個「關河淒切，殘照當樓」，「長使英雄淚滿襟」的時代。青衫，象徵著文化的紀元。對我而言，這也象徵著一種陶鑄自我人格操品，但開風氣不為師的士的儀範。如今，我只要一閉上眼，彷彿又可清楚看見穿了一襲褪了色的青衫的父親，肅穆而面帶微笑，寂寞地站在燈火闌珊處。

最愛哼唱〈可憐的秋香〉

父親尚儉，清亮一生。他愛國愛家，嗜讀書，善授徒，喜飲酒，但不善歌。不善歌大約是中國歷代文士的共同點。不過，我知道父親生前總是偶爾哼唱的一首曲子，是一首民國早期電影中的插曲，叫做〈可憐的秋香〉。他從未完整的唱過，當然也未音色正確地唱過。這首歌，後來我得到八十年代人在北京的常友石大姐（父親北大老同學摯友常維君老伯的女兒）的證實，並且把全歌歌詞給了我，是這樣的：

一

暖和的太陽，

太陽，太陽，

太陽她記得：

照過金姐的臉，
照過銀姐的衣裳，
也照過幼年時候的秋香。
金姐，有爸爸愛，
銀姐，有媽媽愛，
秋香，你的爸爸呢？你的媽媽呢？
她呀！每天只在草場上，
牧羊！牧羊！牧羊！

二

美麗的月亮，
月亮，月亮，
月亮她記得：
照過金姐的臉，
照過銀姐的衣裳，

也照過少年時候的秋香。
金姐，她出嫁了，
銀姐，她出嫁了，
秋香，有誰愛你呢？有誰娶你呢？
她呀！每天只在草場上，
牧羊！牧羊！牧羊！

三

燦爛的星光，
星光，星光，
星光她記得：
照過金姐的臉，
照過銀姐的衣裳，
也照過老年時候的秋香。
金姐，她兒子好，

銀姐，她女兒好，

秋香，你的兒子呢？你的女兒呢？

她呀！每天只在草場上，

牧羊！牧羊！牧羊！

友石大姐當時任教於清華大學，她給我的信上這麼寫：「那是（上世紀）三十年代我五、六歲時，媽媽高興了就彈起風琴教我唱的電影歌曲。小時候，對這可憐的牧羊女有同情心，唱到最後幾乎掉淚。」友石大姐給我的信是一九八二年六月寫的。物換星移，兒時早已不再，經過了中國歷史上地動山搖對日本的八年血戰，文化大革命的十年浩劫，如友石大姐那樣的一位知識分子，當她再唱起幼少時的這首〈可憐的秋香〉時，蒼涼變調的悲聲所傳達的，我不知道她是否仍會「唱到最後幾乎掉淚」？或許她就是那可憐的秋香吧！我可以道說的是，七七抗戰的炮火擊散了常莊兩家，此後天各一方。父親當年在北京時的音容笑貌，自是永遠烙留在友石大姐心中，而一段有歡有樂的日子，早被炮火轟得凋零，迸入穹冥，化作了秋夜依稀的點點寒星了。我記得十分清楚，父親生前每唱這首〈可憐的秋香〉時，都是在他頗感孤寂的時候。唱到最後，聲音已經瘖啞。俟我年事越長，每一次聽他哼唱，再深思之，那一股哀怨無奈的聲音傳達出的感情，似乎是對先民締造燦爛文化的緬懷，對五四的追念，以及自己憂國傷時的心聲吧！所以，父親在他病痛謝世前曾經寫下的「白鬚一把，赤血滿腔」八個字，真是鏗鏘有力的。

第二部分

在高原之巔

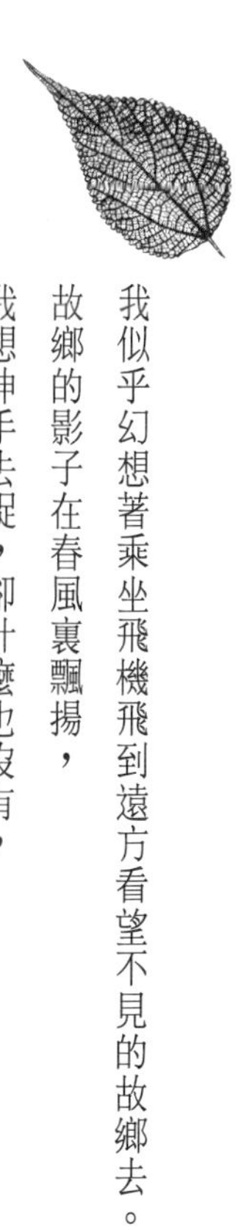

我似乎幻想著乘坐飛機飛到遠方看望不見的故鄉去。

故鄉的影子在春風裏飄揚，

我想伸手去捉，卻什麼也沒有，

連蟬鳴也沒抓住。

一朵出岫的白雲，自北京飄落到貴州

一九三七年，七七事變爆發。故宮博物院曾赴英國倫敦展覽的文物精品，遂在南京分院裝船向後方疏散，先至武漢，再轉長沙。於該年年底農曆除夕，經廣西桂林入黔，抵達貴州省貴陽市。次年十一月又轉運安順縣，長達五年之久。這一路故宮文物的搬遷，都由父親押運負責。他攜家帶小，自北京似一朵出岫的白雲，飄落在西南的貴州高原之巔。

這樣動盪的時代，這樣長途跋涉的播遷——伴隨著歷代華夏珍貴的藝術文化古物故宮國寶，在戰亂的年代，對我們莊家四兄弟來說，其引發陶鑄及培育的作用，我認為，至少對我們起著一種精神本質上啟迪的功能。那也就是說，對我們具有一種清流自重格局的敷設。在生活、為人及處世諸方面，讓我們執著不移，有絕不隨俗棄節的操守。而在藝術才情方面，讓我們有一種清亮、高寬、超越的眼界，去定出世間的狷介與鄙俗、清雅與污濁、好與壞、是與非的嚴正分野。總的來說，成就了我們莊氏兄弟才情上相當可喜的自覺。

故宮文物遷至貴州安順後，為了安全，國寶存放於縣城以南大約十里的華嚴洞。父親顧慮到我們兄弟的上學問題，就把家安頓在縣城裏的東門坡上。

戰亂中的「安順」歲月

安順縣是當時貴州省的第二大城，僅次於省會貴陽。所謂第一大縣城，以今天的標準和尺度來衡量，可說仍是相當落後。安順是一個有傳統格局的縣城，一個以磚石砌成的城門樓矗立在城中心，從此處向東、南、西、北四方輻射出四條以石板鋪成的大馬路。安順人管城門樓喚做「大十字」。由大十字延伸出的四條馬路各長約二里，直抵四個城門。城牆由石頭砌成，把全縣城牢牢包在當中。在縣城東方，有一條由石板鋪成的斜長坡道，迤邐與東大馬路交啣，叫「東門坡」。從北京若流雲飄落的莊家，就在坡上一家四合院子的宅第裏暫棲下來。在那裏，雖屬異鄉客人，卻已有幸脫離了逃亡的人潮，看不見一張張又髒又愁慘被死亡恐懼撕扯扭捏了的面孔；看不見在翅膀上塗了兩團紅點的大鐵鳥在空中下蛋的景觀；聽不見鐵鳥的怪異啼吼；聽不見離鄉逃難人們的悲泣哭喊；也聽不見隆隆炮火聲；更看不見漫天燃燒得比晚霞還要紅火鮮亮，還要令人激動的大火了。

東門坡，就像一條自盤古開天闢地以來一直靜臥在西南高原之上的巨龍，安安順順，無寵不驚地棲伏著。

莊家在安順東門坡上所居住的地方，是由父親租賃來的一個小四合院內的東廂房閣樓。房東姓汪，是一位清癯、留蓄著八字鬍、穿一身緞面團花水青色長衫人喚「太爺」的中年男士。西廂房裏也有外來的天涯客，男主人姓徐，江蘇徐州人。徐先生是位於東門坡上端的陸軍醫院的內科醫師。徐太太操持家務，除了上街買菜及購辦家用所需偶然露面之外，足不出戶。徐家有一對小孩，哥哥叫大綬，妹妹叫大綵。大綬跟我大哥同庚，也屬猴。大綵比哥哥小大約兩三歲，跟莊家的老三年紀相若。徐家兄妹跟我們莊家三兄弟（那時四弟莊靈不足三歲，還不能充任「玩伴」）說不上是有總角情誼的青梅竹馬。但是，如果「患難之交」這四個字可以用在孩童身上的話，則徐莊兩家的五個孩子真也可算是當之無愧的「同是天涯淪落人」了。這五個「相逢何必曾相識」的落難孩子，都是適齡學童，於是，都進入了東門坡上的「國立黔江中學附屬小學」就讀。

進入黔江中學附屬小學

黔江中學是一九四一年對日抗戰期間，國民政府的「管理中英庚款董事會」鑒於為了提高內地中學的程度而撥款成立的。教育部長朱家驊先生氣魄雄偉，中英庚款董事會又經費充裕，在二美具備的形勢下，黔江中學就誕生了。校長是留美的著名生物學家陳兼善（字達夫）先生──他戰後也去了臺灣，在我的母校臺灣大學任教授並擔任總務長，俟後離職專任臺灣省立博物館館長。由於陳先生的聲望及學術地位，延攬了不少名師，譬如曾任廣州知用中學校長的陳啟鏢先生受聘為歷史老師。在昆明的西南聯合大學（北大、清華、南開三校）執教的知名教授潘光旦和毛子水兩位先生，都經陳校長邀約至黔江中學演講，激發青年學生書憤國慨很多。尤其是毛子水先生，這位留學德國的飽學之士，後來為臺灣大學羅致擔任教職。我在臺大就讀時，還幸運的當過毛先生的學生。黔江中學的地理老師辛志平先生，也非常出眾。我當年在臺大做學生時，辛先生擔任新竹中學校長。還有一位頗有知名度的國文老師，那就是我的父親莊尚嚴先生了。父親博學親切，書道清湛，是黔江中學校內廣受學生尊崇又誨人不倦的好老師。那時，母親申若俠女士（北平女子師範大學中文系畢業）也在該校任課。由於這樣的關係，經常有許多學生來家請益座談。後來，許多大哥哥大姐姐們響應了政府「一寸山河一寸血，十萬青年十萬軍」的號召，紛紛棄學從軍報國，參加了抗日隊伍。

黔江中學位於安順東門外的金鐘山麓。那裏環境清幽，風景如畫。在桃花和石榴花盛開的季節，景色十分迷人。黔江中學雖成立於戰時，然則校風極為嚴格，因此之故，學生人數不多，只有數百人而已。但是，學校提倡自由學風，校譽因此甚是豐隆。黔江中學附屬小學校長是竇慧光女士，矮矮胖胖，對學生嚴厲但為人甚是祥和。我的級任導師是葉松筠女士，三弟莊喆的級任導師是張靜老師，兩位都教學認真，年輕有為。她們跟校內許多老師一樣，是所謂的「同是天涯淪落人」，來自外省。後來因為結婚，由於醫藥缺乏，都因醫藥設備不足而難產先後過世。當時，竇校長在校內舉行對葉、張兩位老師的追悼會，在悽清的空氣裏，學生排列在空蕩的操場上唱追悼歌，到今天我仍記得部分歌詞：「張葉兩先生，學識既淵博，為人何迪迪。胸蘊珠璣，言如金玉。造物不忍同恆，產育。」六十年後的今天，皓首天涯，思之仍感音容宛在。

參加話劇演出

我是直接跳讀小學二年級的。那是因為，抗戰流浪播遷耽誤了學齡的緣故。我並非有神童的異稟，但這種揠苗助長的結果，讓我留級了。及至升班到五年級，又因日寇直撲貴州而輟學倉卒入川。那五年的金色歲月，除了得過一次牙齒清潔比賽的全校亞軍外，學科乏善可陳。但是，由於能說字正腔圓的北京話，在三年級那一年，經選派參加校際兒童話劇「名利網」的演出。

顧名思義，「名利網」劇旨在告誡學子們要刻苦耐勞，不可僥倖，要重視節操，善自為人，切勿為名利所陷所害。劇一開幕，便見數名扮演天真爛漫小天使的同學排站臺上，高唱：

名作緯，利作經，
織一個網兒式樣新。
意拙拙，功夫深，

黏住天下投機人。

嘹亮的歌聲把俗世重名圖利為天國所不容的心理宣告了。緊接著，劇中幾名扮演蝴蝶、蜻蜓、蚊子、蒼蠅飛蟲的小孩陸續登場，他們代表爭名奪利的可憐人，活生生地被撒下的天羅地網捕罩，倒在地上翻滾、哭嚎，齊聲悲哀放歌：

不得了！不得了！
投入網中怎麼好？
身上痠痛心頭跳，
一切希望都勾消。

此時，撒網的仙女們再度展翅出場。載歌載舞，將落網的昆蟲一一自網上解下。場景也於斯時一換，變成風和日麗的萬里晴天。於是，眾仙女又再縱聲唱道：

音樂清雅透天空，

風光迷人做甜夢。
點點野花散幽香，
片片彩雲任西東。
我要告訴青年們，
莫把僥倖存心中。
辛苦耕耘勤勞動，
事無大小能成功。
仙子們呀！
把網張起來，
救苦救難要趁早。
要把狼心狗肺全打倒，
世界待我們來重改造。
把網張起來！
把網張起來！

此時，幕徐徐降落，全劇告終。在物質和精神兩方面都呈艱困貧乏的當時，在戰亂中西南一隅的貴州高原上，竟有那麼多純潔向善的兒童，離鄉背井，自肺腑中唱出哲理深邃、意境感人的歌曲，如今想來，真是中國的一種幸運。歌詞就似幼少時背誦唐詩宋詞，可能初時不解句意，卻都倒背如流，琅琅上口。俟一旦智識開了竅門，個人於言行時隨手拈來，受用無窮。

自得其樂的童年遊戲

放學以後，吃晚飯之前，我們徐、莊兩家的五個孩子，便是小四合院中的主人了。我們玩耍的遊戲有：買房子（用粉筆在地面上畫好格子，在起線後先拋扔小石塊或瓦片在格子中，然後單腿跳入你因投擲石塊瓦片買得的格子（房子）中，稍事休息，再單腿跳回原地。誰買到的房子多，就是贏家。輸家就需給付任何物質上的東西，諸如小洋畫片一張，彈珠一粒，瓦兒糖一塊，甘蔗一截……等）；水槍戰（「水槍」乃是自製的武器。把竹子一節的一頭掏空，另一端在竹節處鑽一小孔，用筷子或樹枝細竹在一端纏繞上碎布插入竹筒中，吸水再推壓出筒，水可直噴數尺之遠）；飛洋畫片（香菸盒包內有一張印了彩色的又小又硬的卡片，人物風景都有。各人手持一疊卡片站在院中用手平彈推出，看誰飛出的距離最遠。輸家便需以洋畫片一張為賠償）；劈甘蔗（站在木櫈上，以刀背穩住一根直立在面前的甘蔗，迅速將刀背反將過來，同時自櫈上躍下，使力用刀刃自甘蔗頂部劃下，視劃得的長短截下甘蔗，最後各人比較所截取的甘蔗總長度定出勝負）；彈玻璃彈珠；踢毽子；跳繩；踩高蹺；丟沙包；騎竹馬（以竹竿一根置放跨下為馬，頃刻間可以馳騁五湖四海）；放船（落雨後，院內積水不退，形同小池塘。我們就用報紙摺成小船，底部塗上桐油以防水，去院中「放船」）；官兵抓強盜（由二人或三人一組，疊成羅漢，互相推撞。任何一方如被敵人推倒者即為「強盜」，敗戰者以物質一件為償）；滾鐵環（這是唯一用錢買來的玩具）等。

那時的兒童玩具，恐怕除了鐵環之外，都是親手製做，或利用居家既有什物以為遊戲所需（例如踢毽子、跳繩），不似今日兒童玩具，泰半都是科學工業產品，異想天開，應有盡有。只需「鈔票」提供，得來不費功夫。而我們那時不一樣，雖以今日眼光衡量，難免簡陋粗糙，但是卻培養了兒童們的想像空間，自有一種浪漫有趣的情調。比方說，滾鐵環，口中學著火車汽車開動的聲音，手推鐵環向前，滾過一個小土坡或繞經一塊大石，或涉越一灘泥水，都可自由想像是行過高山，跨越江湖。瞬息之間遊遍萬里江山，其滿足之感及豪邁之情，何曾亞於今日的兒童電玩？又如騎竹馬，其快欣何異於真正跨騎馬背馳騁於草原之上？中國人的自得其樂哲學，任人在某種特定意識之外儘其能量自由發揮想像空間，以及崇尚雙手萬能的旨意傳統，在抗戰期中，都給予了幼小的我相當程度的省思。至少，我可以這麼說，從文化層面來審視，這真是中國民族文化神奇的精粹。

其實，在家裏，吃罷晚飯，做完功課之後，在睡覺之前，我們還有短暫的時間玩樂。下軍棋象棋，做水槍，製毽子，做萬花筒等不分四季。在冬天，我們還會用剝下的新鮮橘皮，對準燭火擠壓出汁液來，火頭發出嗶嗶噗噗聲響，跳竄不已。這遊戲叫做「機關槍打日本鬼子」。還有，便是把芝蔴糖棍埋放在木炭盆厚厚的灰燼中燒烤，取出配了茶水下肚。下軍棋的敗者，便把夾在書頁內的蝴蝶屍體拿來償債，大個的粉蝶一個當兩個用。

小小的四合院，除了在特定時間內成了我們孩子們的嬉戲場地外，也有完全被大人們佔用的時候。比方說，在雨後天晴的日子，將家中因屋漏被雨水打溼的被褥、書籍、什物取出，擺在院中任由太陽曝曬。被褥上難免呈現我們孩童於夜間失禁而留下的尿痕，此時我們便會彼此追逐斥笑，笑鬧夠了乾脆躺在被褥上享受一場「日光浴」，嘴裏哈吮著瓦兒糖，眼望白雲藍天，訴說一些見聞及私人的夢囈，最後在溫暖的陽光下睡去，把貴州人自嘲的「天無三日晴，地無三尺平，人無三兩銀」的順口溜也全忘了。

地主和佃農

小小四合院全被大人佔用的時候，還有就是每年秋天收租的農事了。用竹扁擔擔挑了一簍簍稻穀的佃農們，淌著滿面滿身的汗水，蹲坐在院內等待汪太爺來驗收。他們抽著旱菸管，用斗笠打扇著，大聲喧囂，笑罵及啐吐口水之聲不絕於耳。在喧嚷鬧騰的氣氛中，只要聽見鑲配了一對黃銅大虎頭門環的正院朱門「吱呀」一聲開啟後，院中便似秋風呼嘯之後般靜寂下來。這時，但見地主汪太爺手捧著拭淨的黃銅水菸袋，身穿緞面團花青衫，踏著鞋底白得刺眼的黑色布鞋，以京戲劇中人物撩簾出場亮相的姿態邁出大門來。

緊跟在汪太爺後面的，是那面孔癯瘦，曝露一嘴黃牙，蓄了山羊鬍鬚的帳房先生。他雙手捧了佃農名冊，恭敬如儀呈給主人過目。通常汪太爺並不過目帳冊，只是呼嚕了兩口水菸，在帳房先生耳旁細聲說些什麼，便折回朱門內去了。此時，帳房先生按冊唱名，凡是繳足了租糧的，他著令逕自挑進朱門去。對於欠足的佃農，雖經對方苦苦哀告因由，仍是難免賞以拳腳責罵。每次我在一旁看完了這場戲，總是不解自忖：汪太爺一家怎麼吃得了那麼多擔的穀子？吃不了不是都霉爛掉了嗎？擔挑穀子的壯漢，為何總是被瘦弱的帳房先生拳打腳踢而不回手呢？這樣的疑問當時沒有解答，現在雖有，但諸如此類的事仍在中國社會中出現，是不是教育問題呢？我不知道。我漸長後決心攻讀法律，可能這是一個肇因。

四合院裏的外來者

第三類佔據我們的小四合院的成人，就是開赴戰場自各方過境的團隊了。團隊的成員，都是經拉夫採編而成，並未受過嚴格的軍事訓練的民兵。他們的到來，真似過境的飛蝗，頃刻之間，散落在東門坡上。東倒西歪，面黃肌瘦。坡上人家的小四合院都塞擠爆了。在不是小四合院的人家及店面的當街屋簷下，也都填滿了病弱神經質的兵員。軍夫們的穿著，絕對稱不上乾淨俐落，也全然看不出英挺雄姿來。他們的軍服已破舊，且不甚合身，顏色也大都消褪了。一個個或倚牆柱站立，瞪著木然的眼，默默無語；或就地而坐，或斜身躺臥地上，呻吟不止。他們身上所散發出來的臭味，從窗戶紙上破漏的小洞中都透到了屋內。我們擠站在窗戶後面，偷窺院中景象，竟有看西洋鏡畫片的感覺。

開飯的時候到了，伙夫們將破舊的搪瓷大碗分隔著排置院內地上，兩籮筐紅色的糙米飯擺在院角。地上的搪瓷碗內裝放著一大杓湯水，有幾片菜葉漂浮湯面，看不見肉，也看不見豆腐和其他材料。軍夫們自解下別在皮帶上的搪瓷飯碗及筷子，依次去籮筐內盛裝米飯。他們大都緊緊壓滿一碗，後至的人只有填裝半碗的緣分了。米飯呈紅色，是所謂的「八寶飯」。哪有什麼蜜棗、蓮子、豆沙、冰糖的美味？「八寶」者，乃是指紅色有糠的糙米、穀子、稗子、小石子、小泥塊、老鼠屎、玉米粒、昆蟲屍體。六人一組，分別蹲在搪瓷湯碗四圍，一聲「開動」令下，大夥爭搶搪瓷湯碗中的菜葉，唏哩呼嚕大口吞嚥，接著眾人爭搶湯水，頃刻之間，搪瓷碗空翻朝天。再接著，扒飯入口動作快速的遂趕緊去添裝籮筐中還可以刮下的餘粒。於是，所謂開飯，不過數分鐘即告結束。

到了晚上，應該是軍夫們的休息時分，在颼颼風聲中，寒月下，院內的呻吟聲像蛙嗚似的增大了，一陣陣向四方擴散。我們偷偷地爬下床，跑去窗戶從破損的洞中向外窺探，卻被大人斥責拉回去。有一次，院中傳來的擾人呻吟聲中挾帶了輕輕的扣門聲。母親去應門，門開處，一位細高面有病容的軍夫站在那裏，捧著一隻殘破的搪瓷碗，操著一口蘇北山東鄉音，向母親乞討剩飯。說話時，顫抖的手自懷中摸出一雙離家參軍時母親為他親手衲製的布鞋來，交給母親用為交換。母親謝絕了對方的交換物，轉身去廚房取來剩飯剩菜，正要悉數倒放在他手中的搪瓷碗內時，一位班長突然在他背後出現了。大聲地斥罵了他的擾民行為，並且給了他兩個嘴巴，把軍夫硬拽了回去。那一搪瓷碗的飯菜全部打翻在地。

這樣的團隊過境，短則一天兩天，長則三五天。團隊開拔的日子，有的軍夫因病弱或營養不良，無法行軍，便由隊友攙扶著，至於躺臥在地懨懨嘆息的，則由帶隊官長下令，由健壯的軍夫用草蓆將病患包了，扛抬到東門外棄諸野荒，任由自生自滅。團隊去後，陸軍醫院經徐醫生的督責，派人來我們的小四合院遍撒石灰粉以為衛生消毒。翌日一早，徐家兄妹和我們莊家三兄弟又迅速霸佔了院子，玩起滾鐵環跳繩那些遊戲來了。

莊家「盛事」

當然，東門坡上的莊家，在學校每一學期開學那天的晚上，還有一樁「盛事」。所謂「盛事」，就是我們兄弟自學校拿回家的新課本，由父親率領對書冊加以包裝封面。當時印製的書冊，不但油印得十分零亂，字跡亦不清楚，且紙張粗糙糟薄易破，於是父親率領我們用報紙加包封面以保書冊新度。在吃過晚飯後，母親先把吃飯用的八仙桌拭淨，然後自廚房取來一碗剩飯當漿糊用。父親與我們兄弟三人各霸八仙桌一方，開始小心包書工作。這樣自動自發一家大小從事的「文化保護」工作，難道不是「盛事」嗎？

這樣的盛事，對我們兄弟來說，在戰後逐漸承平和樂富裕的生活變遷中，早被拋棄了。可是，父親卻是一仍其故肯切地繼續著。上個世紀的八十年代，我返臺省親，在父親家居的書房裏，還看見他老人家親手用牛皮紙善加包裹的精美日記簿。我慚愧沒有他那一代人的忠勤了。

爆竹聲中除舊歲

院子裏和家裏那些巨細的事一一過去之後，一年將盡，到了大人們準備安排過年了。抗戰時期的歲月雖是艱苦貧困，可是父親母親仍會為我們兄弟積攢下有限的「壓歲錢」來，待我們入睡以後發放。父親更會興高采烈地倡議玩「擲狀元」的遊戲。夜深了，戰亂中流浪到西南一隅高原上的莊家除夕之夜，當爐火將盡時，伴隨著街上遠近的爆竹聲，在闔家溫暖的氛圍中結束。孩子們相繼睡去，父親母親則在整理一桌狼藉之後，依著餘火將盡的炭火盆靜靜坐歇下來。有時，他們會坐到我們兄弟的床邊，為我們拉掖好被子。其實，多半的這時候，我並未睡熟，躺在被窩裏，用被角掩住鼻口，遠遠地在微弱的燭光下盯著他們。

燭光在父親母親臉面上微微抖顫，我聽不見他們訴說些什麼。寂靜中，父親會去取了筆墨和裝放壓歲錢的紅封套來，為我們寫上新年祝詞及年次。他在動手研墨時，母親會把他除下放在桌上的眼鏡取去，用衣角輕輕拭去塵跡。我可以很清楚地望見父親深陷下去的眼眶和似乎短少了一些的頭髮，以及遮蓋不住的在髮下又消瘦了的顴骨和下巴。

當他開筆題寫時，母親則會取來針線及裝放零碎布頭的竹籃，靜靜地，為我們兄弟原已破舊了的衣衫襪子的補釘上再加補釘。睡意在此時似要黏合了我的眼皮，強睜之後，終於幸福地閉上了眼，笑意猶存睡去了。

第二天，大年初一的早上，雞啼聲中一覺醒來，新年開春第一件急事，便是在薄涼中伸手被外，急急去枕下觸摸父親母親於昨天晚上偷偷放在我們枕下的壓歲錢。有限的壓歲錢自然買不到心底真正的希望，可是真正的希望是什麼自己也並不十分清楚。一張回北京老家的火車票？日本鬼子全被殺光，看著父親母親臉上增加鮮藹的笑容？葉松筠老師又回來給我們說故事？穿一件沒有補釘的新衣？天天都能有媽媽製做的紅燒肉吃？……也許，買一匹雄壯的大馬來，騎跨著遊走大江南北，不用再騎竹馬，因為太慢了。

開春以後，春風把東門坡自冷縮中吹醒。

家家戶戶張貼在大門上雄赳赳的門神像及大門兩側的紅紙春聯，迎著旭日爭豔鬥勝。賣花的，賣蔬菜的，賣雞、鴨、魚、肉的攤販，賣蠟染藍布的，賣剪刀菜刀的，賣鹽巴的，剃頭的，賣瓦兒糖的，捏麵人的……各色人把東門坡點綴得像似一串鞭炮就要炸開。莫消說，坡上的人聲早就撫在人身而給予暢舒溫暖之感了。當人語及市聲在低緩地進行著時，一串「得！得！」的馬蹄聲，自坡頂沿著東門坡上的石板地滾落下來，那是馱負煤炭的馬隊來了。馬脖子上懸掛著串串銅鈴，急遽搖響，叮叮噹噹不絕於耳。於是，一支迎春的奏鳴曲便在煦陽中隨風散播開來，自西南的高原之巔，散入長江、散入黃河、散入中原、散入松花江、散入長白山，也同時把高原之巔有限人民的新希望和無限祝福，帶去了五湖四海及淪陷區的每一位苦難同胞，在前線殺敵衛國的英勇戰士，都能聽到這一支音符彈跳歡悅的春之奏鳴曲。儘管是烽火漫天，儘管是戰火燎原，東門坡就似燃放的一掛鞭炮，把喜慶的氣氛自坡頂一路爆放到坡下去。

土匪來了！

春天是豐盛的季節，也是令人鬆懈的季節，更是土匪圖謀打家劫舍的季節。

土匪攻城總是在月黑風高靜靜的夜裏。即使無月，他們行動前吹起的牛角號聲——喔！喔！喔！喔！嗚咽愁淒，都一樣令人心悸。牛角號音每自城外遠處飄來，縣城內的保安隊就即刻差人沿街敲鑼，嘶啞呼叫，宣告土匪兵臨城下了。家家戶戶於聽聞警報之後，都不約而同吹熄了火燭，嚴閉門窗。父親於此時總叫我們穿好衣褲，躺在床上不要出聲。他定然會用一根常時使用的藤條手杖，橫斜著插頂在大門後面，再將八仙桌推移去擋在門口。保安隊員荷槍奔跑的雜沓聲，像洪水一樣，自東門坡上瀉過。不久，稀疏的槍聲自會從城邊傳來。經過一陣阢隉令人窒息的時間，槍聲突然大放，繼而又漸然沉消。而當鑼聲再起時，則意味土匪潰退，警報解除了。

第二天清早，孩子們會在上學之前，趕去大十字爭看高掛在城門樓上蓬髮垢面的土匪首級。首級下方被斬斷的脖項上猶在滴血，也有蒼蠅飛繞左右。我以童稚時自認明察秋毫的銳眼看視，可以很快地計算出裂張開嘴的土匪首級各有幾粒牙齒。我也會比較不同首級的大小而毫不感覺因仰望久了脖子後面的痠疲感。站立浴在朝日亮鮮的陽光之下的大十字下方，一丁點恐懼和噁心也沒有。我說沒有半點恐懼心理，是那種感覺早在聽見土匪攻城吹起的牛角號聲，及保安隊荷槍跑過東門坡上的步履聲，再混合了敲響的破鑼聲被逼出虛汗時，已經隨著狂亂的心跳摻和了口水，吞下乾燥欲裂的口中去了。不知道為什麼，這樣的恐懼，竟會比在湖南長沙親眼看見翅膀上塗了兩團紅色的大鐵鳥空中下蛋的情景強撼許多。似乎坐以待斃會較之有處可逃更其令人絕望吧，於是怕死的感受就超乎一切了。我當時其實是躺在床上的，但黑暗得連微弱燭火也沒有的四下，就像一張無形的大網撒下，這種在大靜中被恐懼噬咬的經驗捉住了我，是否意味我的成長，我不知道。現在回想，如此往事，只讓我驚覺時間流逝對我產生的恐懼，恐怕這才是真正的最強力的恐懼感吧。

回憶才是最可怕的東西！

我在貴州西南高原上早已隔絕了殺戮和炮火聲，所不自知感到的安和，與之前在逃亡行列中殘留在方萌但仍不甚清的記憶中的片段經驗，在往後勝利帶來的粗安生活中似乎已經漸然淡忘了。如果時間真的可以療傷，也可以撫平動亂所銘誌在人心上的殘酷不幸傷痕，那也許是很久很久以後的事了。因此，往事難忘堪哀，就常為人道及。我現在回憶這些真實經驗的時候，才會去辨識這種經驗的原委與是否可信。所以，回憶才是最可怕的東西。這情況彷彿當我們今時看到一塊漢魏時代留下的石碑，而當時發生的人和事早已杳杳，記載的有關個人的一切，對於此時的我們而言，很難說具有何等緊要。但重要的是石碑所揭示給我們的歷史真實，千年萬代都無法湮滅。如果我說因為我有這樣的感悟才算得上是我成長的明證，那麼，也許我可以這麼說，我的童年，至少是使我覺得既驕且傲而又具有歷史意義的。

我個人能夠記憶多少及記憶的正確與否，似乎都非重點。重點是，有千百萬人也在同一個時期，跟我一樣，歷經了也接受了這樣巨大的動亂。如果我們不可能否認千百萬人共同遭遇的歷史經驗與事實，那麼，我的童年勢必永存史冊。當我在太平歲月回憶起這一段慘痛的過往時，我會毫不覺得在安順大十字城樓下清數掛懸在城門樓上攻城土匪首級裂開的口中的牙齒有幾粒的事，是令人羞愧無比的。因為，歷史的重要性，在於它記錄了世間發生過的一切真實，即使撰書歷史的人表示了一己私心偏見，仍是免不了記錄了實發之事。而我的童年，正是這發生了的一切真實中微小的一片切片。小，但是確乎存在。我的童年，讓我了悟戰爭的醜陋、殘酷、無理、野蠻與可憎。戰爭也讓我義無反顧地去擁抱和平、安樂、自由、寬大和平等的理想。

春天的市井百態

土匪攻城過後的東門坡，春天又把亮麗、怡和的色彩添裝在人們的臉上，顯得滿盈、豐潤及欣暢。

賣茨藜（一種椎狀有軟刺的野果，可以生吃，也可以泡在酒中或製成蜜餞，酸中帶甜，清新爽口）的及賣蠶豆蔬菜的苗家少女最先沿坡歇擔市易。她們穿戴得齊齊整整，打扮清麗，繽紛的頭飾及層層疊起有精美刺綉的衣裙，彩色燦爛的帽邊，閃亮著，似乎吸去了春陽中所有的青春活力。她們健朗紅鮮的面上綻出永遠的微笑。三五一群談說著，把茨藜熟練地剝除了軟刺，用竹籤穿成串，然後插在草把上。她們剝蠶豆的技巧也是令人驚異讚嘆的。一枝豆莢，插放在食指與中指及無名指之間，輕微一折，隨著清脆的劈啪之聲，鮮嫩如新玉般的豆粒，便跳彈出莢，在竹簍中疊起羅漢來。雖然我聽不懂她們的語言，但我會站在一邊與她們共享和平美好的春意。有的苗女半低垂著頭，露出一截白淨柔潤的頸項來，美極了。通常，站立在她們附近的，是年輕力壯的賣水青年（當時沒有自來水，縣城裏雖有幾處水井，但因取水不便，一般人家都向以木桶擔挑了井水的青年買水），他們上身赤裸，雙臂疊交胸前，不時與苗女們調說戲笑。偶爾苗女們會以一串茨藜和賣水的青年交換一碗清水，有時更會走近水桶，在明澈如鏡的水面照影或整理髮絲和頭飾。

等東門坡上麕集了更多小販，市聲沸揚時，春陽的魅力已令人慵懶無比了。

華嚴洞口讀書山

在安順五年的流浪歲月裏，卻也的確感受過相當足意而又和平快樂自由的日子。那就是在春天，我所就讀的黔江中學附屬小學舉辦的每年一度的遠足（即郊遊）活動。遠足不免去登山臨水。站立山上望遠，所見只是稻田與農舍。那時的我，完全聯想不到稻田農舍與生活的關係。在山上可以聽見蟬鳴鳥語。下山近水，在河邊則蟬鳴漸大，蜻蜓在水面飄飛，我似乎幻想著乘坐飛機飛到遠方看望不見的故鄉去。故鄉的影子在春風裏飄揚，我想伸手去捉，卻什麼也沒有，連蟬鳴也沒抓住。我們小學生也會去捕捉蝴蝶，捕到的就交給老師，帶回學校，夾在書頁中，當作標本或書籤。

遠足真是帶給兒童們在漫天烽火的抗戰中短暫的舒解，我們可以因此忘記一切：好與壞、善與惡，只願沉醉在春光裏。

夏天開始以後，父母總帶領我們兄弟四人到南門外離縣城大約十里的華嚴洞去度假的日子，當然也令我至今難忘。

那快樂的假期，自離家步行至南門口一家賣「破酥包子」的小店開始。小店的主人姓什麼我已不復記憶，只記得他是「同是天涯淪落人」。異鄉人在世界上任何一個角落，大約都是孤寂的少數，基於「物以類聚」原理，最易熟稔，也最易記憶彼此。我們每次行經那裏，父親總會購買幾個包子給我們作為乾糧，順便跟店主閒話。第一次去時，店主笑呵呵地拍著我和三弟的頭頂說：「好好讀書，將來回老家去，做個好人，做個有用的人，過好日子。」他在那時說的究竟意涵什麼，似也不甚清楚。如今思之，大概是說回家鄉去本本分分、知足常樂，做個太平順民，不必再流浪逃亡了。那該是如何沉痛無奈的心聲啊！是遠久以來，中華民族世世代代老百姓所殷切期盼的一聲長長喟嘆啊！

出了南門之後，熱風迎面吹來，滿口破酥包子的香美感爬上了一條條敏銳興奮的神經，提升、超拔、散進開闊的原野，直向天邊的青山和遍地青苗的草地，以及在山頭翻滾的白雲衝射出去。夏天的成熟氣息，令人飽脹，也令人激動。我們呼嘯著狂奔，彷彿只要一招手，就可以抓下一片白雲。

城南十里，遠近都是莊稼。行至大約五里的半途，就是「平地泉」了。那是自路旁冒出的一泓清泉，有小魚和蝌蚪在水中俛仰。泉旁還有一塊巨大的螺螄化石，父親曾敲下一小塊收做紀念。他喜歡平地泉，寫過一首詩：

城南十里路迴環，
平地清泉水一灣；
縱望青峰迎馬首，

1999年，莊因（左四）和弟弟莊喆（右二）、莊靈（右一）及家人重返貴州等地，尋覓兒時記憶和製作關於故宮文物南遷實況之「重返歷史現場」節目時，攝於華嚴洞山門前。

華嚴洞口讀書山。

華嚴洞後面的山原名「後山」，父親易其名為「讀書山」。自平地泉遠眺，狀似昂揚的馬首，所以他又以「馬首山」名之。讀書山不高，滿山灌木。華嚴洞是因佛教華嚴宗依山而建的佛寺得名。除了住持的和尚及寺內有關之人外，自從故宮文物經政府選定存放洞中後，就不對外開放了。雖無人民前去上香，但寺內仍是香煙瀰漫，加上暮鼓晨鐘，肅寧氣氛在亂世中還保有一份和靜。政府指派去華嚴洞保護國寶文物安全的特務連官兵們，在洞口依山修築了營房，也在低凹之處開闢了一個操場。寺廟右側，在半山上有一棟獨立的平房，叫「會詩寮」，原是供香客休憩、雅士吟詩會友及和尚進修之處。但自故宮文物佔了華嚴洞之後，會詩寮變成了莊家的別墅，雅士集會停止，遊客香客都止步了。住在寮裏，入夜或清晨，暮鼓晨鐘不絕，糅和了山中肅穆令人沉潛又和靖忘情的潮潤清涼空氣，所有的在耳邊劃過的砲火聲、在空中下蛋的大鐵鳥的怒吼聲、吶喊聲、土匪攻城的牛角號聲、東門坡上的市聲……一切一切聽聞過的聲音，都被篩濾一空。我躺在床上，聆聽鼓聲及鐘聲響過，士兵們在操場上齊步進行的步伐聲、口令聲及發自肺腑的宏大粗豪歌聲，就會向馬首山下、平地泉旁、安順縣城及遠方的中國土地盪漾開去。士兵們高唱：

大刀向鬼子們的頭上砍去！
全國武裝的弟兄們，
抗戰的一天來到了，
抗戰的一天來到了！
前面是英勇的義勇軍，
後面有全國的老百姓，
咱們中國軍隊勇敢前進！
看準了敵人，
把他消滅！
把他消滅！
殺！

大刀向鬼子們的頭上砍去！

殺！

一！二！三！四！

歌聲一遍遍傳散。躺在寮中的世外之感，一下子竟被驚詫錯愕所麻痛，那真是如何的一種戰爭與和平無情交感啊！

知了——知了——

其實，還有真比華嚴洞更肅穆靜心更令人有世外桃源之感的地方，那就是沿讀書山向深處逶行，經過大寨，二里以外煙水漫漫柳影幽幽的二橋湖了。風乍起，柳浪傳波。一聲聲「知了——知了——」的蟬唱，此起彼伏。蟬唱經霓裳羽衣舞袖般輕柔的柳枝抖落湖上，多情的蜻蜓拾起以後，點在波間。頃刻，漾盪起一湖似夢如醉的水上音樂。蟬鳴由細碎的切切私語而轉為奔雷走電，磅礴至大幾乎要把人們的耳朵炸開。此時，炮火聲、爆炸聲、槍聲、華嚴洞外操場上士兵行進有力的腳步聲、土匪攻城的牛角號聲……

全被逼退下去。這種富有的對生命謳歌的蟬唱，那麼亢揚，那麼歡愉，那麼宏偉，那麼熱情，那麼撼心動腑，唱出了在望的勝利。是的，在桃源般的二橋湖，所有人為的、醜惡的、令人窒息的、壓迫神經感的聲音全被罩住在靜靜的湖水之下了。

第一次去二橋湖，我捕了一隻蟬，要帶回家去。父親對我說：「這養不活的。」「我不要養。只要帶進城，放在樹上，讓城裏所有的人都聽得見蟬叫。」我說。父親的笑意隱退了，他凝重地仰望雲天。半晌，說：

城裏多了你放的一隻蟬，有誰聽得出來？你知道嗎，在你的老家北平，全城的蟬唱把三伏天都要叫炸了。

那是我第一次，有意識的感到「故鄉」——一個滿城是蟬，三伏天會被蟬唱鬧得要炸開的古城。從那次以後，我的故鄉似在依稀之中浮起，而那漸強的印象也便不時的在我耳畔響起。我想，回到故鄉去該多好！在故鄉聆聽可以把三伏天唱炸的蟬鳴凱旋曲，多豐饒的盛夏呀！

一九四八年年底到了臺灣以後，在臺中縣霧峰鄉山居的那段歲月，夏天的蟬唱也是盈耳的，而我每一聽聞，淡淡的哀愁便自心海升起。因為，我想起了在安順二橋湖聽聞蟬唱的往事，我於戰後竟然沒有回到被蟬唱炸破的故鄉北平，相反的，我只能隔海相望，相憶，因為故鄉已經離我更遠更遠了。

而整個的盛夏，在華嚴洞清幽的兩個月的清閒生活，終因蟬唱漸衰而結束了。我們伴隨父母又回到東門坡去。

秋天的市井百態

東門坡上依然是充盈了人聲和笑語。賣馬肉的和賣糍粑的小販總是推車來湊熱鬧。坡兩旁的酒店外面，擺設了長條板櫈供酒客們坐著談說，有的邊抽著旱菸管，也有人頻嗑葵花子。酒店也供應茶水，不喝酒的客人則啜著蓋碗茶。賣醬馬肉的販子在此時把切好了的小碟馬肉，灑上辣椒粉及蒜末提供給顧客下酒。賣糍粑的則從鍋內揪出一團糍粑，用紅糖和花生作餡，搓揉好，再放在豆粉中滾過，放置在小碟中供吃茶的客人當作茶點。東門坡上的早秋氣息就這麼平和消閒地在嗑瓜子的清脆劈啪聲及談笑聲中，由酒客茶客們帶到大十字去了。

秋日的午後，除了酒客們因酒興助長的酣談笑語外，有時，風過處，一股肅殺凝重的氣氛會從坡底泛上來。通常見的是押解待斬犯人的囚車及隨行的持槍保安人員的沉重步伐，一路踏過坡上的石板地面走過。犯人多是上身赤裸，雙臂被粗草繩綑在身後，他們的背上插豎著寫了「斬」字的木標，在囚車的木輪與地上的石板摩擦出的吱吱單調煩人的聲響中勉強地斜歪不倒。午後的秋陽不十分熱炙，東門坡上也並未擠滿眼花繚亂的人群，比起女子出嫁吹鼓手使力吹擊而路人爭先恐後圍跟的場面，太顯得遜色了。囚犯坐在車中的一團稻草上，蓬頭垢面，一臉的鬍渣子，當然不像出閣的新嫁娘拈花戴紅的喜慶熱鬧。但是，小孩子們，也許因為喜哀的氣氛對他們來說並無太大不同，他們熱衷的只是與眾不同的現象吧！所以，總是成群的跟在車後。劊子手的臉膛則是紅潤十分，與囚犯的肅容恰成對比。他的個子圓滾高壯，背了一把在把手上吊懸著紅布的長刀，只有這點紅色與出嫁新娘子頭上的蓋頭相似。可是，少了吹鼓手奏出的喧囂喜慶聲，整個的囚隊仍是顯得單調而不起眼。

當囚隊經過坡上酒店外面，酒客的歡笑道說漸沉的時際，我便也會情不自禁地摻混入人群，不言不語地跟著走出東門外去。

行刑的場景，像極了耍猴戲的表演。草地上圍滿了人，有嘴裏嚼著東西的，有抽著菸管的，有揉搓下巴顴骨的，也有默默面顯焦燥不安的站立者，不時仰望天空。秋陽勻和的照在所有人的面上。

待斬的囚犯和陪斬的人，赤裸了上身，在人群一陣騷動之後，終於像被主人牽拽著的猴子，自裂開的一條人縫中進入刑場。荷槍的保安人員著令他們跪在地上。不久，監斬的政府人員跟進，坐在為他準備好的木椅上。座椅前有一方小桌案，上面擺了一個大瓷碗，盛了清水。隨監斬官入場的是劊子手和囚犯家屬。時間到了，監斬官拾起桌上的文告宣讀了，向劊子手擠眉點首，劊子手遂將背上的大刀卸下。大刀脫了鞘以後，在劊子手的手中反覆翻動，寒光懾人。秋陽下，比我所見汪太爺手中的黃銅水菸袋還要擦拭得閃亮刺眼。劊子手走向監斬官前的桌案，端起水碗，啥了一口水，噴在大刀兩面，再用別在腰帶上的一條白布擦淨，於是轉身步向犯人。兩個人犯（一個是陪斬）早都面無人色，緊閉了嘴。劊子手這時去一個囚犯身後，把插了的待斬木標取下。他右手操刀，刀背抵靠在彎折起的小臂上，刀刃則輕擺在人犯的頸邊。忽然抽刀，就像用筆寫了一個「一」字那樣一抹，人頭就跟自鍋裏取出的餃子，不慎失手落地般掉在草地上，滾了幾滾，眼睛還在眨動，嘴中則啃咬著幾莖草葉。無頭的屍體仍跪在那裏，劊子手猛然自囚犯身後出腳踢去，屍首仆倒地上，鮮血才似噴泉一般自頸項處迸出。這時，人群中突然有人手握飯糰或饅頭擠爭著脫眾上前，用手中的食物去沾血塗在自己的頰上。他們自然不是茹毛飲血之人，據稱這是對嘴角歪斜症有效的療方。

我是力排眾人，從圍觀的人牆褲襠下爭擠著進入場地的。所以，可以舒適的坐在地上，選擇了最好的角度看這場猴戲。好像什麼特殊的感覺也沒有。現在想來，不知是否與戰亂的久疲有關，彷彿麻木了。人散以後，我心裏並無真正的恐懼，連盜汗都沒有。隨著人眾離開場地，只覺得應該回家吃飯了。

我嗅到了戰爭氣息

東門坡上偏安的日子，隨著秋陽，一點一點漸然消逝到寂靜中去。終於又受到戰爭氣息的吹襲，變得肅殺。過境開赴前線的團隊，一批批來，一批批去。東門坡上兩側民房的前廊下，又躺滿了橫七豎八的老弱殘兵，一晚上的呻吟聲擾人睡不安穩。團隊離去後，總不免留下幾具死屍。衛生隊前來收屍後，得到陸軍醫院特殊的協調助理，派了專人來遍灑石灰粉消毒。石灰粉又白又厚，像雪，但是嗆鼻得厲害，一絲也沒有白雪給人的潔淨柔和感覺。

這樣極不尋常的日子，讓我們小孩子覺得難受和無聊極了。院子裏大人是不准我們去玩的。彷彿這裏那裏張布著一張大網，我似又做了「名利網」劇中黏在網上的昆蟲。過了一陣子，聽父母說大綬感染了傷寒，於是，院子裏的空氣更令人恐怖了。一天夜裏，我們兄弟剛上了床，就聽見徐大媽尖銳的哭嚎聲——大綬死了。我在床上盜汗，渾身發冷，喉頭發癢，眼角似乎要撕裂開。

大綬死了以後，大綵幾乎不到院裏跟莊家兄弟結伴遊戲了。即使沒有團隊過境，殘留在院裏的白石灰粉，也把我們的玩興完全埋蓋了下去。

一九四四年的初冬，過境的團隊更緊密了。東門坡上積雪處處，整條斜坡都被寒風吹得發抖起來。坡上行人的腳步也較平常倉卒，行人的面目表情也凝重了。賣茨藜的苗女，賣水的青年，賣馬肉賣糍粑的，酒店外的顧客，都只間或才看到。東門坡顯得有些異樣，完全沒有巨龍展翅凌雲飛去的瀟灑了。

黔江中學附小也因為最大的一批團隊過境佔用了學校而停了課。團隊開拔的那天，大雪紛飛，全校學生列隊歡送。寒風吹亂了頭髮，但學生們則張口高唱，唱出〈我們在炮火下長大〉那首歌曲：

年紀小，
志氣高。
身體強，
本領好。
我們是在炮火下長大，
我們要做民族的小英豪。

老師在我們前面打著拍子。一曲唱完，又接唱〈新中國的主人翁〉：

特隆咚，
特隆咚，
特隆咚。

我們是勇敢的兒童。
新中國的主人翁，
新中國的小先鋒。
走呀！走呀！向前走！
天真活潑的小朋友。
握緊拳頭，
張開了口。
趕走瘋狂的日本狗！
趕走瘋狂的日本狗！
中國才有翻身的時候！

戰士們踏著整齊的步伐，肩著槍，一排、一連向前行去。他們也高唱著〈大刀向鬼子們的頭上砍去〉那條歌曲，一遍又一遍地唱。地上的積雪被踏成了泥漿，歌聲渾而有力，匯成了一條大河，衝開了雪花，衝散了寒氣，經口中傳露出的熱情，推動向前。

那年年底，當日本鬼子向貴州猛撲，軍壓獨山的時候，政府派了一批軍用卡車到華嚴洞，把故宮國寶文物撤走。我們倉卒地告別了東門坡，告別了在西南高原上短暫也偏安的日子，向東北往四川行去，去開始我童少時期另一階段的漂流歲月。

第三部分

飛仙岩下，向家坡上

車行至黔川交界處時，
公路在峻嶺中蜿蜒，忽左忽右，
一邊是山崖，一邊則是萬丈深淵，
駕駛只要稍一不慎，
車輛即可能因路滑連人帶國寶同葬谷下。

行在「七十二彎」的黔川公路上

故宮國寶自黔入川，一路上之驚險困難，今日回憶，真是一言難盡，令人不禁唏噓。

政府調派裝運古物的十餘輛卡車，是屬於軍方輜汽一團獨汽四營的軍車。當時的黔川公路，極是粗糙。路基原本不夠寬闊平穩，沒有柏油路面，全是細碎石塊。汽車行過，灰沙瀰漫，碎石跳彈。公路翻山越嶺，遇上風雨，則泥雪滿途，路滑難進。再逢上坍方急彎，危險異常。護送古物的特務連連長胡遠帆，浙江人，年少英挺，自告奮勇荷槍坐在第一輛卡車的駕駛座艙中，揮軍前進。父親母親與我們兄弟四人，分別乘坐不同卡車。我們也坐進駕駛座艙裏，免掉了風雪雨水加身的撻掃和寒意。我有時側望窗外，但見沿途逃難的人群，一批批，面容疲累憔悴、衣衫殘破，早被雨雪浸透。扶老攜幼，無言挪步前行。他們步履之艱緩，跋涉長途，有時與我隔了車窗相對視，但見對方眼中流閃出的無限哀怨和企羨苦痛，至今都難忘懷。

車行至黔川交界處時，公路在峻嶺中蜿蜒，忽左忽右，一邊是山崖，一邊則是萬丈深淵，駕駛只要稍一不慎，車輛即可能因路滑連人帶國寶同葬谷下。那裏就是聞名的「七十二彎」了。由於是上坡路段，汽車爬行十分吃力。一遇車輪打滑，不進反退。此時，車上的副手便立時跳下車去，手執一大塊三角形木頭，頂墊住打滑的汽車後輪。汽車加油前進一尺，那塊三角木便隨之頂墊車輪一次。老舊的汽車奮力爬行，彷彿一個呼吸困難的老弱病人，幾度大口深呼吸後，終於平安行過陡坡，駛入坦途，那回歸駕駛車艙的副手，則已是泥水汗水一臉一身了。

行行挫挫，歷經千辛萬難，車隊終於把中華的燦爛國寶，運到了川南巴縣一品場石油溝的飛仙岩下。

石油溝的「畫苑」生活

名為「石油溝」，因為曾是抗戰初期政府資源委員會勘測經由轄屬單位開採天然石油氣後棄留的遺址。「溝」者，是地理上的低凹溝谷，有流水經過。地處荒寒山谷，無有牢實建築。只有原來留下的一個大型倉庫，遂用為國寶安身之所。倉庫四方，有簡陋的用竹子外敷泥巴搭建的房子數幢，這也就是故宮職員及特務連官兵的棲身之處了。故宮職員，除父親外，尚有自貴州安順加入編制的劉奉璋（峩士）及黃異（居祥）二位先生，都是單身。劉先生是前北平藝專畢業，攻國畫，不論山水人物，都鮮活細膩傳神。黃先生是民俗畫家，作品寫實，十分動人。三弟莊喆及我本人受他們二位筆路技法的影響，產生了對畫作的熱衷興趣。

山居清靜，古物安存倉庫中，且有士兵守護，負責保管責任的父親及劉黃二位職員，閒來無事，便在用為辦公處的一間大屋中設置桌椅，公餘濡筆揮毫，竟水墨丹青起來了。他們三人似乎過著清淡的「畫苑」生活。

滿眼都是竹子

至於我們莊氏兄弟，由於鄉野遠近十里以內無有學校，就輟學在家了。我們的生活也並非全然無所事事。沒有院落供我們做在安順時的諸般遊戲固然，我們就在家玩「開汽車」的樂事。豐子愷先生在漫畫中畫他的孩子幼小時以芭蕉扇做車輪玩騎自行車，我們則以木椅倒置地上作車身，用蚊帳的竹頂圈作輪盤，用父親的手杖充排擋，口中「嘖！嘖！」出聲，就玩起獨汽四營裝運古物的汽車，翻山越嶺的長程馳駛來了。我們請父母充當古物由黔入川途中所見的逃難人，安坐在我們的車上。

由於玩「開汽車」所使用的工具如父親的手杖及蚊帳頂圈都係竹製，再加上家中的一些竹製器物如耳杓、癢癢耙、筷子、吹火筒、毛筆、筐籃、雨傘……等也都是竹製，眼手所及，每日相見使用，便對竹子產生了難以言宣的特殊情感。家居前方有「虎溪」流水經過，夾岸修竹茂密，後山上則竹叢處處，這樣內外綠竹交感，於是，胸中自然有竹林的蔓生了。故宮國寶畫作中如宋代大家文同的畫竹，元代柯九思的墨竹，趙孟頫的文人畫竹，明代畫家夏昶的〈半窗晴翠圖〉……等，都在我腦中真假交渾，留下深刻感受。那段清幽的日子裏，暇時也常跟隨特務連的士兵們到山上楠竹林中挖掘新鮮竹筍，或與大哥三弟同去虎溪釣魚。所以，吃的、用的、看的，都是竹子。飛仙岩下，不期受到了終身獲益的「竹的洗禮」，也算得上我生涯史中重要的一頁。而父親於該時也曾賦詩一首，題寫了懸在壁上：

山中老石如牛臥，
竹裏人家似蟻封；
最是虎溪橋下水，

無言終古自嗚淙。

聽流水，步竹林，「虛室絕塵想」（陶淵明句），我真成了六朝人物了。

「飛仙岩」是水竹居右前方山頭的一塊巨石，狀似展臂的仙人淩空飛去而得名。是父親後來把它易名為「臥牛石」的。我私心屬意於原名，但父親的更易也許意味著天上人間，虛與實兩者之間的考量吧。

石油溝的確是世外桃源。茂林修竹之外，山上遍是梅花。初至的那年除夕，父親帶我們登山，採梅回家，他還立時寫了一付對聯張貼在門上：

1999年，莊因（右一）和弟弟莊喆（左二）、莊靈（左一）及家人重返四川等地，尋覓兒時記憶和製作關於故宮文物南遷實況之「重返歷史現場」節目時，在川南的石油溝舊址，與1944年在當地擔任保長的李篤生先生（右二）合影。

山中除夕無他事，
插了梅花便過年。

和士兵們去炸魚

無事，那只是父親成人的感受。對我們兄弟來說，「動」念仍是強烈的。在家玩開汽車、釣魚、似懂非懂欣賞故宮文物、到山上去挖竹筍……這等事也不能終日伴生。幸好特務連的官兵們也同樣有「靜極思動」的慾望，他們想方設法來消解不上火線實彈射擊的壓抑，於是由連長胡遠帆率領，荷槍去虎溪炸魚。所謂炸魚，是士兵們站立在虎溪橋頭，向河中水深之處發射槍榴彈。數秒鐘後，大魚小魚就會肚腹翻白浮上水面，稍事痙攣，就陳屍波間了。我在一旁觀看，難免會聯想起貴州安順東門坡上過境團隊死去的兵員景象來。至少，人死了還不會葬身波間，還有衣服草蓆裹身。但是，死在地上與死在水中，又似乎大同小異了。死亡，其所帶給人的內心傷痛與恐懼，對死者而言也許並不深刻。然則對於生者，雖未曾遭受死亡原因的肆虐，卻是十分難忍與不悅的。除了自殺，死人和死魚都是被動的，至少在當時，我覺得二者是可以牽連在一起設想的。在亂世，不論生靈與無生命，都會遭受不當的劫難。所以，痛苦與否，也許並不是生存者可以界定的事，還是留給時間去定論吧。所謂「世外桃源」，不過是人為誇大的想像，世間可原本沒有這樣的名稱。甚至可以說，世人根本不承認桃源為世間原有，才會名之為「世外」。就因為世間原本子虛烏有，而人又無以自解現實的黑暗可猙，遂產生如此聊以自慰的幻想。「和平共存」，對於生靈來說，那是不可能的。充其量，也許我們僅能將共存度減至最少罷了。

我們是「山娃兒」！

不管怎麼說，大哥、我，再加上兩個弟弟，我們莊家兄弟四人，都是當地人稱之為「山娃兒」的一群。這純由外人加封於我們的稱號，也許父親不能全然接受，因為他自始至終認為自己是一個十足的文化人。山娃兒對他來說，是「野孩子」，是沒有文化。其實，山娃兒這名號，真的是刺痛了他無法把「文化」傳遞給我們的心感。國情、現實，儘管多不願承認，但他必須接受。他要接受的事實是他沒有任何辦法送我們去上學，受教育。於是，他就將他自北平帶出一路逃難僅存的書籍中的書冊，拿給我們自習閱讀。

其中一本是《唐詩三百首》，一本是上海中華書局影印的金聖嘆批改貫華堂原本《水滸傳》（此書自大陸遷臺安全無恙。一九六四年我出國去澳大利亞任教，父親贈給了我，後來帶到美國，一直置於我書齋的書架上）。

《唐詩三百首》是當年父親隨手翻讀的書。我常見他或早或晚，在自習時吟唱，但是聽不清楚他吟唱的內容。所以，當他把一本《唐詩三百首》交到我手中時，我的第一個反應是：我也得吟唱出聲嗎？父親給我的答覆是否定的。他只道：「背熟了就好。」

唐詩對我的啟蒙

於是，我在拿到《唐詩》的當天晚上，就躺在床上迫不及待地翻看起來。三百首，好多啊！無意中翻到的，湊巧是李白的那首「床前明月光，疑是地上霜；舉頭望明月，低頭思故鄉」五言絕句。靜靜的夜裏，山鳥啁啾，虎溪流水淙淙，都濾過我耳邊心上。窗外皓月當空，於是，情不自禁，一下子想起在貴州安順父親告說的故鄉，一個三伏天都被蟬唱叫得會炸開來的古城北平來了。我是北京人，卻對北京沒有一丁點的認識。也不知道城裏有沒有賣糍粑、賣馬肉的小販。當然，更不知道是否有吹牛角號攻城的土匪了。我大約是一個有故鄉，但不僅對之陌生，尤其不幸又失去了的不幸之人。可是，幸與不幸，我在當時並不理解。這樣的概念也極不明清。我只是想到，「故鄉」為什麼那麼遙不可及，摸也摸不著，看也看不見，猜也猜不透，想也想不通。

那晚，我還讀了哪些唐詩，現在已記不清了。我只記得，我一直瞅著天花板眨眼，想像著李白是一個什麼樣子的人。唐朝？唐朝是一個什麼時代呀？

對了，五言絕句中的唐詩，我還讀到了王維的一首：「君自故鄉來，應知故鄉事；來日綺窗前，寒梅著花未？」對我來說，怎麼沒有應知故鄉事來自故鄉的人呢？王維和李白認不認識呢？他們是不是像我們莊家兄弟跟徐大綬徐大綵兄妹一樣，「同是人涯淪落人」呢？七言絕句中的唐詩，竟然又有岑參的一首：「故園東望路漫漫，雙袖龍鍾淚不乾；馬上相逢無紙筆，憑君傳語報平安。」岑參似乎比我運氣好，至少他還遇到了故鄉的來人，而我只能騎竹馬，向漫漫之處搜尋故鄉。還好，我沒有再去追問岑參跟李白王維之間的關係的好奇，也沒有去追問他們有誰知道可以告訴我北平是不是三伏天會被蟬唱叫得要炸開的古城。唉！要是他們三個人都不是唐朝人該多好，我只消一問就什麼都明白了。

初讀唐詩，「故鄉」的音與形影就跟蚊子在你耳畔不斷飛繞一樣，看不見，但聽得見聲音，煩死人了。最後，我放棄了要在《唐詩三百首》中找出所有關於故鄉詩作的努力，也不願再多想了。我開始試讀跟「故鄉」並無因由關聯的詩作。似懂非懂，覺得其中有一些倒是跟我當時的鄉野農事生活有一定程度的吻合。

我對唐詩初始的感覺極其朦朧。無論詠物、懷古、田園、閒思、關情、離愁、閨怨、農事、逸興，我能切實掌握了然於心的真是少之又少。可是，通過背誦（雖不吟唱），俟琅琅上口以後，就在半通不通的時際，居然感到有一部分唐詩的情意與內容，竟跟我的生活相當接近。這樣，唐詩對我所產生的效用，除了驚喜之外，是很巨大的。大體說，除了詠物、閒思、閨怨、懷古、離愁以外，也都能觸動我的心弦。那怕只是彈指輕撥一聲，其交感生情的效能真令人意想不到。比方說，在田園、農事、逸興諸方面，跟我在鄉野的生活經驗，可謂是可互為印證。如果我那時僅是一個生活在承平、富足、安樂和幸福之中的孩子，成長於不虞匱乏的社會，唐詩所能夠給予我的啟蒙，充其量只是一種幻覺罷了。然則，對真實的我而言，當知識更豐，閱歷益廣的時候，這在我幼年無意之中積儲起來的詩情，酵釀之後化為醇醪，穿注血液，流竄全身，於是，我的情感開始躍動，變得浪漫起來了。而同時，我的精神領域自始寬闊，變得逍遙起來。這是一股巨大的、強烈的、濃郁的民族文化感，湧溢於心。我因此得以暢飲於歷史長溪，自由馳騁於今古時空，翱翔於浩瀚、舒裕、富美的胸臆。這，絕非一個生活在過於沉滯、寧靜、狹囿天地之中的孩子可以想像，可以感受到的。

這樣長久孕育的詩情，燃燒起我對人文的熾熱偏愛。漸然，它也驅使我去追求一己嚮往的藝術生活。我絕不謬持於一般世俗的看法，也絕不放棄可以讓自己得以營造一個既藝術又理想的生活的努力。我寫文章、作詩、繪畫、做菜、養花、種草、飲酒、品茗、寫字……都全憑自己的感受。一似源頭活水灌溉，創造我認為自然、灑脫、爽愜、明朗的風格，追求百分之百的自我。

戰爭躲藏在竹林裏

飛仙岩下那種漫山遍野、滿眼飽蘊的綠竹，就像竹帚般掃敷過我的心扉。似乎是潔靜了，卻也依然有未淨之處。那時，只要不在屋子裏玩開汽車、不上山掘竹筍、不到虎溪橋頭看士兵實彈炸魚、不背誦唐詩，就多由父親帶著去觀賞自木箱中取出曬晾的故宮國寶文物。文人畫的詩、書、畫三合一的印象，漸然令我茅塞頓開。什麼「竹林幽草澗邊生，上有黃鸝深處鳴」，什麼「萬壑樹參天，千山響杜鵑」，什麼「悠然遠山暮，獨向白雲歸」，那樣的情與景，全由大自然反映心中。越接近自然，也越沉緬於自然。久而久之，竟也不期然地發起了思古幽情來。甚至於私下奮志立意，將來長大成人，就做一個不折不扣的文人，把舉國滔滔、漫天烽火，都隔到竹林之外去。

在中國畫史上，畫竹自宋代風氣大開，元明繼之。竹與文客雅士之間，結了一道緣。故宮國寶中那些畫竹的圖卷，經父親適時解說，一些大家的名字像宋徽宗、文同、柯九思、趙子昂、倪瓚、王蒙、唐寅、祝枝山、項元汴等，都相繼烙印我心。而歷代文士的住居以竹為名的諸如竹林、竹軒、竹隱、竹谿、竹齋、竹菴……也灌滿了一腦子。連莊家的居所，父親不是也名之為「水竹居」嗎？竹子外實中空，被喻為虛懷謙淡坦蕩的君子美德，便也隨著虎溪的淙淙流水流到我心深處去了。日本近代國際知名的大文學家夏目漱石認為，東方文學中常反映出一種「瀟灑超脫，笑而不答心自閒」的趣味，而西方文學則闕如。東方文學每以「淡」出，而西方文學多以「濃」入。夏目氏的這種「淡」的趣味，乃是文人與世無爭節操風格之所在所向。尤其是在古典文學中，如果可以用一種實物來況喻，恐怕沒有比竹更為貼切的了。君不見，竹子在霜凍雪後，抖擻寒風，昂首立中宵的姿態？花朝春暖，枝頭鬧紅鳥喧，新筍穎脫破空的瀟灑？暑熱凝寂，赤日傾火，風過之處，蕭瑟高竿，竹葉窸窣牽聲私語的激情？這般淡雅趣味，不也正是文人雅士所喜愛的麼？那時的我，算不算得上是一個小雅士，我不知道，也不敢說。對於「靜念園林好，人間良可辭」的隱士生活，我可能也不甚了了。但是，就整個的生活環境來說，似乎隱隱約約感到，戰爭真不知躲藏到哪裏去了。可能是被竹林的盛綠包裹了起來，就跟用竹葉包粽子一樣。

總而言之，那一段真正的無患得失、無寵不驚的太平歲時，那種「白日掩荊扉，虛室絕塵想」的生活，雖是那麼簡單短暫，然則，其對少年的我的啟蒙，卻巨大無比。當此後知識日進，益發覺得「守拙」的態度，實則是每一個在成長過程中的人都宜保持的。所謂歸養山林，所謂隱姓埋名，是否真的如此我並不清楚。可是，不論個人的生活環境是承平抑或動亂，都不可太過入「俗」，當係千真萬確的至理名言。人絕對不能無端喪失自身的靜與和。陶淵明先生有「引壺觴以自酌，眄庭柯以怡顏，倚南窗以寄傲，審容膝之易安」的愜怡滿足，若非他拋卻紗帽，載欣載奔「歸去來」，他的詩創作靈感，斷不會

「泉涓涓而始流」的。當然，他更不可能是「縱浪大化中，不喜亦不懼」的了。

鎮人護寶飛仙岩

故宮國寶文物置放於窮鄉野地的飛仙岩下的虎溪之畔，或係世人不敢深信的事實。試想，由德、義、日三國聯手發起的侵略戰爭，席捲了世界五大洲，人類的文明與尊嚴遭到了戰火的斲傷，生靈塗炭，而像故宮的國寶——世界級的人類文化財，卻安然無恙、與世無爭、靜靜的息養在滔天烽火之外那麼單純的青山下水溪旁，真可說是上天有德有靈。水竹居後山頂上那塊「飛仙」巨岩，端的是發揮了庇護作用。鎮人護寶，中華民族誇世傳世的文物，當年國民政府不計國難當頭，寧守勿棄，歷經千辛萬苦遷移後方，免了日寇的覬覦，這在「史」的薪傳意義上說，的確是一項大公無私了得的舉措。比起在同一世紀中被辱被劫於文化大革命中的歷史文物，真是何其幸運。這樣的文化精粹，雖說目前離開了神州故土，但是，我們可以相信，凡是熱愛中國的中國人，必然會為此感嘆、欣慰，而流下歡欣的淚水的。臺灣，原本就是中國的土地，而故宮文物則為先祖所留傳，且早經加上了「故宮」的印號。是此，這批無價的稀世珍寶，就肯定屬於全中國人民。

一見如故——我讀《水滸傳》

我在飛仙岩下所讀的第二本無師自通的書，是《水滸傳》。初讀此書，就跟遇到一位一見如故的陌生人一樣，非常之投緣。何以如此，現今想來，恐怕是這部小說與我的成長時代、生活環境與經驗，引發了某種程度的關聯，因此牽動了我的潛意識吧！

《水滸傳》這部古典小說，有一股強烈的反抗意識流動全書。正因為人謀不臧乃是造成了破壞自然和諧均衡的一種不可寬恕的顛覆力量。《水滸傳》讓我相信，只有這股強烈的反抗意識，方能是把現實經破壞之後，推擺回原始狀態唯一可行的動力。以戰止戰，以牙還牙，沒有什麼不該，也沒有什麼不對。特別是在一個沒有真正民主觀念的社會，公權力常被暴力及惡勢力擠壓而不彰的時際。我自己就是戰爭的受害人，跟千百萬與我同樣遭受摧害的無辜同胞一樣，背井離鄉，看盡醜惡，為什麼？就因為戰爭本身乃是最其野蠻、最其肆意、最其無恥也最能摧毀自然和諧、最能破壞均衡、最其醜惡的凶神。

它百分之百的污辱人的尊嚴，絕對扼殺文明。我們要制止、消滅戰爭的唯一方法，除了反抗（這就是中日戰爭中國使用「抗戰」一詞的因由）的戰爭一法，別無他法。我們無法跟戰爭談寬諒、談道德、談君子小人，這就跟我們不能同情一個無法無天謀財害命的不法兇手是完全一樣的。血債血還，有何不當？有何不對？有何不可？第二次世界大戰，若是少了兩顆投在日本廣島和長崎的原子炸彈，在亞洲的侵略者會無條件投降嗎？中國要是不「抗戰」，會有得到勝利，會有躋身世界「四強」的一天嗎？

戰爭，好就好在那個「爭」字。爭，就是從被動轉為主動的步驟。只要不是目空一切，只要不是先發制人，「爭」而「戰」之，實則只是一種維護和平，保衛自己的極為公允的手段。

我之所以著迷於《水滸傳》的另一原因，大約在於其人物個性塑造的明朗、慷慨、俠義的作風。我一向憎惡也不齒與此相反的陰私、多疑、狹隘、奸詐的負面人性。《水滸傳》中一百零八個英雄好漢，當時最最吸引我的，就是在第二回中用三拳就打死了鎮關西的魯智深。魯智深的那種明朗、慷慨、俠爽的作風讓我十分心儀。初看拳打鎮關西那一段時，首先想到的，就是在安順東門坡上汪太爺的帳房先生，為主人收租金時，向欠租的佃農們無端拳腳相加的場面。帳房先生太像鎮關西了，他不斷在我眼前幌動。我當年就有「擔挑穀子的壯漢，為何總是被瘦弱的帳房先生拳打腳踢而不回手呢？」的想法了，而當《水滸》英雄魯智深出現在鎮關西面前時，我的疑問立時得到了明快的答案。魯智深提起了「醋鉢兒大小拳頭」，一拳就把欺壓善良的地痞惡戶鎮關西鄭屠打得「鮮血迸流，鼻子歪在半邊，卻便似開了個油醬鋪，酸的、辣的一發都滾出來」；二拳便把鄭屠「打得眼棱裂縫，烏珠迸出，也似開了個彩帛鋪，紅的、黑的、紫的都綻將出來」；而「又一拳打在太陽上，卻似做了一個全堂水陸的道場，磬兒、鈸兒、鐃兒一齊響，口裏只有出的氣，沒了入的氣」，真是大快人心。被鎮關西欺壓只得忍氣吞聲的金姓老兒和他的姑娘不必再自苦了，因為魯提轄出現了。在宋代亂世，國將不存，那有什麼正直的法律公理？有法律公理的話，為什麼人民還翹首以待包青天大人？在官逼民反的時代，在以強欺弱的社會，「正義」，恐怕就只有待魯智深那樣的豪爽「粗人」來行俠了。除奸仗義，就是好漢，就是我當年崇敬的英雄。金聖嘆先生在他的「讀第五才子書《水滸傳》」的「聖嘆外書」中說，「魯達（智深）自然是上上人物。寫得心地厚實，體格闊大」，極得我心。

我了解，魯智深這種仗義行俠作風，其所關於「義」的伸張程度問題，基本上自然屬於「感性」而非「理性」。但是，在魯智深時代，法理觀念並未深植人心，所謂「人權」，仍在烏何有之鄉。手無寸鐵的善良百姓，只求無寵不驚生活猶不可得，而父母官也不能切實保護他們的時候，官逼民反，便不是什麼難懂的事了。魯智深那般人物，應時而生，應時而為，沒有他，那金姓老兒和他的姑娘，要如何才能不以淚洗面？現時談「法」，我知有其不溯既往性，就此而論，我於幼少時生長在那般無力的生活現實裏，對魯智深所產生的同情心與景佩感，於今思之，或許幼稚，但純真之一面則不容忽視。

詩情與俠骨

《唐詩》和《水滸》二書，對我而言，或許仍不能以「無師自通」百分之百的論斷來加以說明。但是，這兩本古典文學著作確乎賦與了我詩情與俠骨。它們培養了我此生至關緊要的性格和品操，令我清清楚楚了解，什麼才是真正的「富貴不能淫，貧賤不能移，威武不能屈」的大丈夫精神。至少，我想我可以做到「獨善其身」了。此二書對我而言，似乎可以歸為一種巧合的「緣」。所謂緣，是指偶然際遇，時與空都不由一己掌握，二者之間竟巧妙地配合因應當時的景況與情感，彼此交融稱心，從而建立了密不可分難以言表的關係。《唐詩》和《水滸》，正是如此，與我產生了一種無形、無法強求、而又不可拒斥的牽力。其對我的影響，也許就是俗說的「潛移默化」吧。

「永賢」與「順民」

當年故宮國寶存放四川巴縣一品場石油溝飛仙岩下的時期，雇用了兩名工友，都是當地人，都是三十歲左右的青年。一個叫何永賢，一個叫李順民。他們的名字，那麼巧妙地跟當時的時代背景、社會、和故宮國寶之間，成就了不可思議的配合，也許又是天意吧。只有永賢的人民才可以擁有罕見的稀世故宮珍寶，只有順民才是對國家對歷史文化最忠的人，不正是如此嗎？

我猶記得甚為清楚，有一次，何、李二人帶領著我們莊家三個大些的「山娃兒」，跨越虎溪，去山裏另一頭的龍岡鄉趕場（廟會市集，當地人謂之趕場）。我們走山徑小路，涉水過河。其實，這套「山娃兒」的本事，早就習得了。而何、李二人竟要試試我們的膽量。山中的溪河很多，但少有橋樑的建設，多是在河水稍淺的地方於水中立了石柱或放置大塊石頭，渡河的人便需以快速堅定的勇氣踩著石柱或石塊跳躍過河。那樣的「橋」，四川當地人呼為「奔子橋」。李順民先以輕快的步履迅速跳到了河對面去，對著我們叫喚，笑問敢不敢過去。河水雖不甚深，但流速甚急。何永賢則撫弄下巴默然無語。沒想到大哥、我和三弟，在稍事遲疑後，竟依序大無畏地拔腿跳躍而過。連故宮國寶都經過了「七十二彎」隨車經過了危崖，誰會怕過奔子橋！我跳躍渡河時，那〈新中國的小先鋒〉歌曲竟突現腦中，響在耳際：「特隆咚！特隆咚！特隆咚！我們是勇敢的兒童。新中國的主人翁，新中國的小先鋒！」衝呀！我們勇敢地過了河。何、李二人在我們面前伸出了大拇指，後來在場上買了三隻紙風箏作為獎品給我們。

勝利了！勝利了！

紙風箏在回到水竹居後，只放過一次，就棲歇在牆上了。那年（一九四五）的八月，日本正式投降，勝利了。這麼大這麼重要的撼人消息，實際上卻是在數日之後才遲遲自重慶傳遞到山中。靜謐得一如隔世的飛仙岩下，除了竹葉飄舞，除了山鳥啁啾，除了虎溪流水淙淙以外，聽不見任何歡騰的聲音。父親、母親、劉峩士和黃居祥兩先生，還有特務連的胡遠帆連長，都沒有特別激動的表情，只是泛著微笑，不停地說：「勝利了！勝利了！」我一眼望到了掛貼在牆上的紙風箏，端了櫈子站上去自牆上取下，忽然有了放風箏的興致。

父親在接到「好消息」的當天下午，差何永賢去龍岡鄉採購物什慶祝勝利。莫消說，我們三個山娃兒也跟著去。那次跳躍過奔子橋，更其勇敢也更其快速了。我們買了糖果，鍋盔（即「燒餅」），豬肉，雞，上好青菜，花生，葵花子，小芝蔴餅，當然，還有酒和兩掛紅色的爆竹。

我的童少年時代結束了

翌年一月，「故宮博物院四川巴縣辦事處」正式撤銷，走入歷史。八十隻黑鐵皮的大箱子滿裝著在山中度過了靜寧一年歲月的國寶，又被政府特派的軍用大卡車，遷往重慶市南岸海棠溪的向家坡。

離開飛仙岩的那天，我坐在車上，望著山上前後的翠竹，那塊水竹居後山頂上的巨石，不論是「飛仙」也罷，是「臥牛」也罷，似乎是飄動登天或由臥地而立起，都彷彿在茂竹林梢泛起的一片綠的氤氳中浮起。巨石上似有白雲縈繞，我一下子想起了唐詩中柳宗元那首〈漁翁〉詩的詩句來：

漁翁夜傍西巖宿，
曉汲清湘燃楚竹。
煙銷日出不見人，
欸乃一聲山水綠。
回看天際下中流，
巖上無心雲相逐。

那樣閒適，那樣恬淡，那樣清暢，那樣曠達，那樣自由，那樣奇妙，那樣似幻，那樣迷人的山居境界，就在戰火終消，大寂一片的叢林茂竹深處，好似電影中的最後一個鏡頭，「劇終」兩個大字，閃耀而出，很快又隱滅下去了。

我的童少年時代結束了，我的漂流生活也似乎告終了。

向家坡上等待復員南京，然後返抵故鄉北京

向家坡上，李林一片。

坡上的上好房舍，是政府原在戰時經濟部轄屬單位「貿易委員會」的舊址。自巴縣一品場運往的八十隻大鐵箱故宮文物，及原就自北京移存在四川峨眉、樂山二處的古物，戰後集中於彼，等待復員南京，最終安返北京。

莊家的住房，是原貿易委員會主任委員鄒魯先生的寓邸，非常寬敞。鋪設地板，有電燈電話，極是氣派。對於長年流浪異地而暫棲的我們來說，真是劉姥姥進了大觀園。我那時覺得，即使吹牛角號攻城的土匪來了也不必怕，因為父親斷不會再用手杖頂門以策安全了。也許唯一遺憾的，是不能在夜裏點上蠟燭或燈碗兒，對火焰擠橘皮玩「機關槍打日本鬼子」的遊戲了。我也注意到，父親那時不似在貴州安順東門坡上時時吟唱唐詩了，也沒有圍繞在他身邊的許多大哥哥大姐姐，一塊兒談論時局了。殺敵從軍報國難道就算過去了麼？公餘之暇，常見父親在家中伏案展紙書信，投寄給因抗戰數年不通音訊的淪陷區親友。

重返學校讀書

大哥去了向家坡後山上的南山中學。我和三弟也在海棠溪的「好職國民小學」復了學。我不必再每天默讀唐詩了，不必成天在家玩開汽車遊戲了，不必跟士兵上山挖竹筍或看士兵實彈炸魚了，不必奔跳奔子橋了，當然，滿眼濃郁的竹綠也不見了，《水滸傳》中的英雄好漢魯智深也不辭而別了，我在學校也不習唱「大刀向鬼子們的頭上砍去」那樣的歌曲了。也許我再不會當「新中國的小先鋒」了。日本鬼子已經投降，翅膀上塗了兩個大紅點的鐵鳥空中下蛋的景象沒有了，我不必再唱「握緊拳頭張開了口，趕走瘋狂的日本狗，中國才有翻身的時候」那樣的歌曲了。我當時在學校習唱的歌曲是〈抗日勝利紀念歌〉：

八年血戰，
日本投降，
勝利終屬於我。

打倒了侵略的禍首，
光復了錦繡山河。
四萬萬同胞，
歡聲齊唱，
勝利終屬於我。
從前是驚風駭浪，
而今已列入四強。
我們要振刷教育，
我們要重建國防。
我們要把艱鉅工程擺在面前，
我們那能優遊徬徨！

是的，懷著無限興奮與期待，我就要回到生於斯卻一無所知的故鄉去！去聽那

1999年，莊因（右一）和弟弟及家人重返四川等地，尋覓兒時記憶和製作關於故宮文物南遷實況之「重返歷史現場」節目時，在重慶南岸海棠溪憑弔五十多年前於抗戰勝利時就讀的好職國民小學故址。左為三弟莊喆。（莊靈攝）

可以把三伏天都炸破的蟬唱。

我在好職國小插班讀了一年就畢業了，接著考進了向家坡後南山上黃桷椏有名私立教會學校「廣益中學」。因為學校離家太遠，不便通學，需要住校。這消息讓我淌下了在抗戰期間從未落下過的淚水。母親溫撫我道：「都是初中生的少年了，哭什麼？安心讀書吧！回老家去才有出息。」她為我特製了「中國黃油」（黃油意指英文的 butter。是把肥豬油在鍋中煉炸好，倒入罐中，再投放豬油渣、鹽、醬油、花生、豆腐乾丁屑、少許蔥花和辣椒。俟凝凍後，於吃飯時掐出少許放在熱米飯上拌食的營養品），又為我準備了瓶裝的魚肝油丸，這才止淚別家，帶了父母的殷切期盼，登山入學。

廣益中學的校長楊芳齡先生，早年留學英國，是一位虔誠的基督教徒。他的兒子楊伯庸是學校的訓導主任。楊主任手中總是握了藤鞭，對不努力和行為失檢的學生施以體罰。他們父子的威嚴，無人不知。

校風固然嚴謹，但廣益中學在各方面的活動卻極是活躍，尤以體育見稱。當年廣益中學的英式足球隊，在重慶市是赫赫有名聲的。我就讀的那一年，正逢與重慶市立求精中學爭奪冠亞軍。楊校長每日親自坐鎮，督導學生勤加練習。他在場上跟學生一起唱歌打氣。他教學生習唱聖詩，不但在足球場地如此，星期天在教堂做禮拜時也親自教導。我還記得有一首曲名叫做〈康健的人用不著醫生〉的歌曲：

康健的人用不著醫生，
有病的人才用得著。
我（主耶穌）來本不是召義人，
乃是召罪人。

歌詞淺顯易曉。對於並非基督徒的我——當年方十四歲的少年，居然在心裏也掀起了滌盪作用。這可能與我在四川巴縣一品場時的詩情俠骨感受有關。雖然至今並不篤信任何宗教，但心中自有一份如信宗教般的虔誠。潔身自好，不必俟主來召喚，我想我已經做到了。聖詩歌曲不似我在貴州安順幼年習唱的抗日歌曲，歌詞不會予人同仇敵愾的激情，讓人熱血沸騰，會手握拳，喉發癢。一般而言，大皆是教育誨人的清平調子，對我起著洗滌作用。

回到南方，就可以吃到一把把新鮮完整的香蕉

不知為何，〈抗日勝利紀念歌〉雖然於我習唱時勝利早已到來，國土也早重光了，卻對我仍有深厚的感受。因為在萬眾歡欣的後面，似乎透露出一份該如何建國安邦、收拾殘局的憂忡色彩。那時，國共齟齬已偶有所聞，也會自大人的談說中溢出對國事的隱憂。可是，一般地說，大人的談說大半還是集中在還鄉的種種。他們縱情地談說家鄉風貌，令我經常爬上南山癡癡凝視長江的滾滾江水，想像回到家鄉聽炸破三伏天的蟬唱。

江水流瀉何其真實，何其令人悸動，也何其令人振奮。我總是想像有朝一日，乘江輪沿江而下，永不回頭。我要告別戰亂帶給我的一切不愉快不應有的回憶！在東門坡上死去的「同是天涯淪落人」徐大綬，在飛仙岩下虎溪橋上所見被士兵們炸死肚子翻白浮上水面的魚屍，在安順東門外刀斬囚犯的人頭落地……我都不願多想。這是否意味我的成長，我仍不十分清楚。

但是，至少父親那時對我們兄弟四個山娃兒，要進行他「文明的洗禮」了。在週末，他會帶領我們在海棠溪的長江邊上搭乘渡輪進城。在重慶市區吃館子，看電影，逛書店，

逛街，讓我們見習「都市文化人」的言行。他還在販賣西點麵包糖果如「沙利文」那樣的店中買用彩色玻璃紙精緻包裝的「奴家糖」(nuggets)給我們吃。奴家糖香美的口感早將在安順時吃到的用甘蔗汁土法製作的「瓦兒糖」的粗糙口感，比下去了。沙利文的西點那麼精美，那麼可口，誰還會想起糍粑和小芝蔴餅來！沙利文還有香蕉出售。那金條一般的香蕉已經發黑變色了，是從外地去的。被削去了頭尾，包在上好亮麗的玻璃紙中，像一條條的香腸，懸吊在店裏。初始我們根本不知香蕉何名，既未聽過，也未見過。父親說是自南方運去的。當時，一條沒頭沒尾的香蕉，其身價正如一盒西點。父親買了一條給我們過口，算是對「都市人」的一種培訓吧。我們總算吃上了一口並不香的香蕉，他笑著說：「怎麼樣？可憐的孩子們，說好說歹總算吃過香蕉，不是土包子了。等以後回到南方，會買一把一把的完整的新鮮香蕉給你們吃。」

就這樣，我懷著回故鄉聽蟬唱的熱切盼望，加上可以吃到一把把新鮮完整香蕉的興奮，終於在盼了又盼之後，在一九四七年的夏天，乘上政府指派運送故宮國寶文物的一一四號海軍艦艇，乘風破浪，告別了向家坡，直向幻想中的故鄉馳去——去聆聽三伏天會把故鄉炸開的蟬唱。

第四部分

愁在莫愁邊

這裏、那裏、學校裏、
倉巷口的水井旁、
建鄴路上、莫愁路上、……
到處都浮泛著令人不安的空氣。
大街小巷，人們都在細聲談說：
「共產黨就要來了。」

大江東去。
浪淘盡，
千古風流人物。
故壘西邊，
人道是三國周郎赤壁。
亂石崩雲，
驚濤裂岸，
捲起千堆雪。
江山如畫，
一時多少豪傑。

——蘇東坡〈赤壁懷古〉

輕舟已過萬重山

站立船頭，隨著江水乘風破浪而去，對於一個方是少年的我來說，那種浪漫激情，那種歷史風流，真是盪胸填臆，令我無比驕狂。四萬萬同胞中，能有機緣似我，可以發豪情若奔瀉江水，「千里煙波，暮靄沉沉楚天闊」，一去而不返者，能有幾人！歷經八年血戰，降服了侵略者，一路伴隨故宮國寶，往返兩都（陪都重慶，國都南京）間，乘軍艦航於中國第一大江之上，高唱凱歌，振展雙臂，似我者，又得幾人！

這份激情，就像發條一樣，緊繞我身，讓我無法在艙內好事歇息。「無限江山，別時容易見時難」，我怎可輕易放過？於是，竟然倔強地要留守在甲板上，暫與江水不眠不休。

長江三峽的上游入口，瞿塘峽口的夔門天塹。（莊靈攝）

「過三峽還早。還是先去休息足了再上來看。不用擔心，到時我會叫你。」父親笑著對我說。

可是，我的執意竟讓他也承認失敗了。

我對他說，就因為李白的那首〈朝發白帝城〉詩說的：「朝辭白帝彩雲間，千里江陵一日還；兩岸猿聲啼不住，輕舟已過萬重山」，所以我一定要看看猴子。父親沒再說什麼，拿了一個饅頭給我，摸了摸我的頭頂，下艙去了。

我沒有見到一隻猴子。我真的是用可以「明察秋毫」的眼睛在石壁間探索，可惜沒有看見一隻猴影。就在我失望難掩之際，父親又上了甲板。他指給我看「兵書寶劍」和「牛肝馬肺」二峽。真像啊！我在心裏喊著，於是又憶起在安順時東門坡上賣醬馬肉的小販來了。

想看的和從未想看的

沒有看見猴子雖屬遺憾，可是並不那麼真讓我失望。因為我根本不知道我真想看的是不是猴子。猴子我見過，在安順東門坡上耍猴戲的我看過，還給過牠東西吃。而我從未想看，卻一逕迫使我看到的東西可太多太多了。比方說，大鐵鳥在空中下蛋；掛在安順縣城大十字城門樓上攻城土匪的人頭；在四川巴縣一品場石油溝虎溪橋上看見的被士兵用槍榴彈炸死翻白肚皮浮在水面的魚屍首……。我真的並不知道真想看到的東西是什麼。是故鄉？是國泰民安？是強大的中國？是……也許是故宮文物中宋代大畫家夏珪筆下的長江？是的，夏珪〈長江萬里圖〉的沿江景象，突然跳到眼前：大江奔流紙上，一瀉入海，那樣磅礴撼心。我也想或許能看到故宮國寶中另一手卷名畫〈清明上河圖〉中臨河兩岸人煙稠密、市易繁盛的場面。可是我都沒見到。我見到的，是在長江岸上巖壁樹叢間跣足弓身的拉縴人。聽不見任何聲音，但江水流瀉卻把在安順時東門坡上過境團隊軍夫的殘敗呻吟景象又帶到眼前來了。

當時的心情，也許就是惆悵無奈吧！試想，我就在兩個國都之間，跟宋代與現代中國之間同一條大江的水面上經過，而長江已自夏珪的時候流瀉過不知多少歲月了。在這一段我無從計數的歲月中，有多少人似我一樣，站立船頭，興起「故國神遊」的感念呢？三國時代的曹操雖也站立船頭，但那是木船，哪及我所乘的現代軍艦？我是在勝利聲中還都，曹操呢？罷了，所謂興亡千古，大約也就是如此這般吧！夏珪有沒有身歷江上的經驗我不知道，那也不要緊了。因為，我甚至不清楚，我所見所身在的長江，是不是與他畫上的長江是同一條江水了。

終於到了南京

思索著這樣似乎永難求得良好答案的問題，便也缺乏在餘下的江流水際鼓勇問津歷史的興趣。於是，等我回神不擬膠著歷史的時候，不覺間，船已然駛到了終點——六朝古都的紫金城南京了。

我們住在城西朝天宮故宮博物院南京分院新建的宿舍裏。

宿舍是以黑鐵皮為頂，形呈半圓

1999年，莊因（左三）和弟弟莊喆（左四）、莊靈（右一）及家人重返南京等地，尋覓兒時記憶和製作關於故宮文物南遷實況之「重返歷史現場」節目時，攝於南京朝天宮原故宮南京分院庫房前。

柱的活動房屋。所謂活動房屋，沒有堅固地基，整座房子就像一片平鋪地上的菇菌，房子壓放在幾大根木樁上，輕便得可以整幢移動。因為屋頂低矮，且房頂係半圓形向左右兩方徐徐滑下，人在屋內，伸手可以碰到屋頂。在兩側屋頂下滑地帶，有時更需要彎身以策安全。窗戶小，透風不暢，夏熱冬寒。說得刻薄一些，簡直就像牢房。

經過戰亂流亡和千辛萬苦，且在重慶已住過向家坡上的「豪宅」了，勝利歸來，雖不奢盼什麼，但住進了這樣的家屋，真讓人一下子感到還不如安順東門坡上小小的四合院，甚至不及環境清幽、耳無車馬之喧，四川巴縣飛仙岩下的簡陋水竹居了。

底，當係一切事物的基本。缺少了底，一切都漂浮不穩。我在南京不足兩年的歲時，時局怵惕，國共之間齟齬日深，勝利帶來的歡欣期盼，彷彿周璇所唱的〈黃葉舞秋風〉流行歌曲，「一掃而空」。一種無底、漂動的感覺，住在無底的活動房屋中，讓我的困惑更深了。

然則，故宮的國寶文物卻又不同。

經歷了大流遷，安然無恙，都平平安安存放在朝天宮旁用大塊石磚建造的厚厚實實的庫房中。國寶，除了該時並沒有拋頭露面，展示於人以外，確已得到應有的禮遇。在百廢待興，國共相爭的險惡氣氛下，可以知足了。

住在朝天宮旁側，跟住在四川巴縣一品場石油溝的飛仙岩下一樣，都給我一種吉順的感覺。也許真的是與我此後一生中數度安逸稱心的遭遇有關。比方說，我到了臺灣，免掉了文化大革命的浩劫；到了美國，在西海岸天府的加州和氣候世界著稱的舊金山海灣區的一流大學史丹福執教；婚姻美滿；又得到一個好兒媳。

我給莊家丟人去了

莊家四兄弟都在居住朝天宮旁時又入了學。大哥上的學校和三弟上的學校是南京市當時有名的市立第一中學。學校就在橫於朝天宮前的建鄴路上。而我，自市立一中考到市立六中，結果都名落孫山。最後，入了私立治城中學。用合轍押韻的南京方言順口溜說：「要丟人，進治城」，我給莊家丟人去了。從我們住的鐵皮房屋走到故宮博物院大門，向左踏上建鄴路，走上一里左右，就是市立一中。在此之前，建鄴路的右側有一條地面全用石磚鋪成的老巷子，叫倉巷。我所就讀的「丟人」中學，就在與倉巷交啣的一條巷弄裏。治城中學規模不大，學生也不多，就跟一間稍大的私塾一樣。再不，就像一所小型書院罷。在我的記憶中，彷彿連個正式的操場都沒有。

每天早上，我跟大哥三弟背了書包一齊上學。行至倉巷口，望著他們的身影消失在建鄴路上繁忙的人群中，才獨自低頭慢吞吞走去丟人。其實，因為冶城中學與市一中相去不遠，老師中有許多是由一中的全職老師跑去兼課的。我的國文老師李小賢先生，國學極好，教學也極認真。他常說：「國文是你們的基礎之學。中國人要是國文不好，旁的科目再好也沒用。」至今他說的言猶在耳。李老師講課也非常精彩，令人神往。我原來就對國文有著特別濃厚的興趣，故十分投入。這跟我往後立意以文學為志業，受李老師的教誨得益甚大。

倉巷裏的古典情懷

倉巷是一條頗富詩意的巷子。除了數家小賣店和三兩間彈棉花的作坊以外，都是老式的住家戶。經常有挎了竹籃子沿巷呼叫賣花的少女行過。她們穿著合身純素的中式衣衫，紮了辮子，不施脂粉，以水泠的聲音叫賣，我不免想起唐詩中「小樓一夜聽春雨，深巷明朝賣杏花」的詩句來。已經是二十世紀了，卻依舊泛溢著古典的清麗。彈棉絮的作坊也是很令我神往的地方。師傅們站在坊內當街懸吊著的一張大弓弦後面，就著平攤在一張木製的大案上的棉絮，如彈奏一曲般，挑動弦子，「澎澎！嗡嗡！」之聲不斷。坊內飛絮飄繞，好似一群白鷺飛上青天。我那時穿著的棉褲，又厚又硬又舊，每當站立坊前觀望時，恨不得即刻脫下拿去彈鬆彈軟。不但棉褲內的棉花又硬又舊，連晚上蓋在身上的棉被也一樣。冬天，活動房屋外面積雪滾落的聲音擾人入睡時，自會想起杜甫「嬌兒惡臥踏裏裂」的句子來，不禁豔羨著新彈過棉絮的棉被覆身該有多好。

毛巾凍成了一塊硬板

那時無有暖氣裝置。冬天，家家戶戶都用炭盆生火取暖。炭火燻烤久了，會使人口乾舌燥，心火大。於是，常用辦法是吃生蘿蔔敗火。這都無所謂，最要命的是，早晨一覺醒來，屋外白雪遍地，懸掛在屋內繩上的洗臉巾布，一夜之間，早經凍成一塊硬板了。洗臉時，先用手把凍成硬板狀的毛巾搓揉一下，然後放在熱水中。熱水是用木炭現燒的，為了節省能源，大哥先洗，其次是我，依序是三弟四弟，等他們洗臉時，洗臉水一盆已經白得像豆漿一樣了。漱洗罷，吃完早點，先在耳朵上罩好毛耳罩，繫上圍巾，冉提了盛放炭火的小手爐，上學去。

上課時，手腳發僵冷凍，大家都搓手噓暖，將芝蔴糖置放在木炭小手爐上燒烤。嚼食芝蔴糖時，還配合了存放口袋裏的花生米。那種美味美景，至今思之都令人不勝懷念。那樣在艱苦中感受到愜怡的讀書生活，自我一九四八年離開南京之後，輾轉臺灣、澳洲和美國，再也沒有親享過，只能在回憶中嚮往了。在美國，家家都裝了暖氣，舒服方便得令人像變成傻子一樣。所謂「冷暖自知」，這樣的生活體驗，不是生活在二十一世紀的中國人都可以體認的。

江南的春天——那感覺真好！

開春以後，景象又全然不同了。

呼吸著早上清新的空氣上學去，在倉巷巷口水井旁，早就麕集了一大批婦女，老、中、青都有。有刷洗馬桶的，有淘米的，有洗衣的，有洗菜的，有清洗傢俬的，當然，也有無事摻和張家長李家短的長舌婦道人家。有時，賣梳頭油的小販擔挑路過，襯著陽光，高音調叫嚷著「賣梳頭油啊！淋刨花！」時，井邊的婦女就像炸了窩的母雞，爭著站身掏錢去購買梳頭油，迫不及待地塗抹在髮梢上。看在眼裏，我終覺不如挎了竹籃賣花的少女的烏黑光亮髮辮鮮活好看。

出了故宮博物院大門，沿建鄴路向右拐，經過朝天宮，就是城西的莫愁路了。莫愁路是環城大馬路，沿途植了梧桐樹，極是美觀氣派。路由於城西的水西（城）門外的莫愁湖而得名。莫愁路上人、車都不擁擠，時有車身纖長秀氣，水藍色車身，白色車頂的江南汽車公司的公車緩緩駛過。梧桐樹葉輕搖，春風中在路旁放眼望去，青空朗朗，自水西門趕馳過來的馬車，得！得！蹄聲由遠而近。「春衫加意薄，有味是輕寒」的江南春天，雖不見鳥語花香，時局雖不明朗，社會現象雖時有紊亂，但是，清舒的浪漫氣氛，仍是十分迷人的。

春間沿莫愁路北行，大約兩里左右，就是水西門了。那裏是馬車的驛站，市聲喧鬧。步出水西門，莫愁湖突現眼前，田田荷葉，一池清綠，早把滿城喧囂壓蓋到湖水中去了。我在南京只住了不足兩年，並沒有在盛夏荷花綻放節季去莫愁湖的經驗，但我吃過湖中的菱角。煮熟的黑紫色菱角，在莫愁路上及朝天宮附近的小販手中都可買到。不是春天的午後或傍晚晚風習習下，在莫愁路邊散步，剝食彎彎有角的菱角，那感覺真好。我想，這比吃香蕉，吃醬馬肉，吃芝蔴餅，吃破酥包子及嗑葵花子都更能感受江南景況的真實與怡人。

「山娃兒」感覺自己是個歷史風流人物

南京是古城，古城自有其嫵媚引人的一面。比方說，石板路面，小巷，馬車，梳了髮辮挎了竹籃賣花的少女，叫賣梳頭油的小販跟慵懶的居民……似乎什麼都抵不過江南的氣氛。就在抗戰勝利之後的第二年，江南的美好氣氛已經被時局扭曲了秀潤的面龐，但滿城古意仍是搶眼。

住在城西，有令人惆悵又動心，卻也詩意盎然的莫愁湖莫愁路，有香火人潮的朝天宮，有近在宮旁鎮在冶山腳下的故宮國寶，有名盛的市立第一中學……說真的，我那時已經感覺自己是個歷史風流人物了。

從建鄴路向東行，路上有幾家賣燒臘板鴨的店鋪和賣小菜、豆腐、鹹菜的商家。還有老虎灶鋪子，灶上的大茶壺總是蒸汽騰騰。總的來說，市易相當興隆。還有一處報架，貼在牆上的報紙單片前也總是擁滿了人。穿了政治學校黑色中山裝制服的學生和剃頭挑子也雜摻在市人中，顯得格外熱鬧。

那時候，我確乎很少憶想在黔川時期抗戰中的歲時來，即使飛仙岩下水竹居四圍的綠竹也不那麼突出予我以浪漫寧靜的聯想了。我所注意及關切的，是在衣、食、住、行方面物質層級的生活。我也喜歡排隊買票去看電影。白楊主演的「一江春水向東流」和劉瓊主演的「國魂」，我都是跟黃牛爭搶才買到票的。喜歡看電影，當然與自朝天宮沿建鄴路走到新街口不算很遠有關。新街口的「大華」與「新都」兩家電影院，是全市最豪華的。那時喜歡看的電影，大半都是國片。於是，明星們如陶金、金燄、韓蘭根、周璇、白光、王丹鳳、陳娟娟、嚴俊……等，都耳熟能詳。電影流行歌曲也琅琅上口，早把抗戰歌曲如〈新中國的主人翁〉、〈在太行山上〉、〈流亡三部曲〉等拋到腦後了。

新中國的主人翁已經在為時短暫的平和社會中長大，他所關切的已經不是戰爭、刺刀、槍炮、轟炸、哭號、驚恐甚至於憤怒了。他所關切的也可以說是他並不十分清楚在此轉折期所將要發生的，在中國歷史上於八年對侵略者的血戰後另一場浩大的內戰所造成的改朝換代。那個流浪的「山娃兒」已經在都市的混濁氣氛下雜亂的現實裏失去欣賞山野自然景物和單純樸實的生活了。

逐漸褪去的笑意

那時，我也經常感到身上有一種被政治揉捏及攪和的悶脹。父母因抗戰勝利綻放在頰面上短暫的輕快笑意，彷彿曇花一現，很快被嚴肅蹙眉的表情取代。大人們在談話時，其所表露的徬徨不安、焦灼與無奈，以及頻頻的嘆息，都是我在抗戰時所未見到的。報紙上的大消息，不管政治或軍事經濟財政，都是負面的。人們對時局的悲觀，對社會現象紛擾反映的茫然無力……到處都是灰翳翳的壓抑感、窒息感。這種感覺，像極了蚊子暗中飛繞在你耳畔的侵擾，聽得見聲音，卻看不見，也打不著，直讓人煩。

其實，自一九四七年故宮國寶回歸南京那年，國勢已經日非了。國共之間的軍事衝突越演越烈。我也幾乎聽不見父母或大人似以往掛在口頭的「快了，就快回北平老家了」的話了。當年父親在北大做學生時的一些同學老友，常來父親「治城山房」活動家屋詩酒聚會的，有張柱中，黃振玉，歐陽邦華，朱豫卿等諸老伯。因為時局逆轉，都憂心如焚，各懷異衷。我還記得父親偶成的小詞一首，調寄〈鷓鴣天〉：

院靜屋寒睡起遲，秣陵人老菊黃時。城連六代枯陵樹，潮打石頭懷□基。
傷往事，寫新詞。客愁鄉夢亂如絲。不知朝天宮旁舍，燕子明年宿旁誰。

剛回南京的秋天，父親曾與一批友人因八年抗戰別後重逢歡聚，猶買了團魚（鼈）來，以示慶祝團圓，他們痛飲到不勝酒力醉倒。未料不過一年，大家又有聚散容易的預感了。

就在那年（一九四八）暑後，我轉學到了建鄴路上市立一中緊旁的鐘英中學。鐘英是有名的好學校，校風嚴謹，一中的名教員有很多在鐘英兼課。南京人的順口溜說：「要當兵，進鐘英」，可見一斑。校長俞采丞先生，經常揹了手在教室外巡視上課情況，有時站立窗外時間過久，令師生都兢兢業業。

雖然我轉入了名校就學，每天早上可以和大哥三弟一起昂首走過倉巷口，不必「丟人」到冶城去上學，卻已挽不回父親母親臉上漸然失去的歡笑來了。入秋以後，冶山上的枯草成叢，我常帶了口琴在黃昏時分爬上山頭，躺在枯草中，觀落日，聽江聲，看裊裊炊煙，吹奏起周璇在電影中主唱的流行歌曲〈黃葉舞秋風〉來。經過戰亂，終幸勝利，一顆悸動的心尚未被遲來的和平撫穩，滿懷壯志，無窮期望，都似秋蟲唧唧，散落飄零了。一個試圖要跟炸破故鄉三伏天的蟬唱比調的少年，竟然那麼無力無助無奈，躺在治山上的衰草地裏吹奏「黃葉舞秋風，伴奏的是四野秋蟲」。我難道真是那麼不幸的悲劇少年嗎？

共產黨就要來了！

寒夜，躺臥在鐵皮活動房屋中硬硬的木板床上，人靜的肅殺氣氛就更其令人懾恐了。有時，我望著父親母親坐在炭火盆畔，相對無言。即使他們偶然輕聲細語，也聽不見，我覺得至少他們不會再談說像在安順東門坡上的小四合院晚上訴說的內容了。有一次，我瞥見母親突然抽泣起來，父親只用手撫按她的肩頭，仍舊無語。

白天，這裏、那裏、學校裏、倉巷口的水井旁、建鄴路上、莫愁路上、……到處都浮泛著令人不安的空氣，說不清楚。並沒有過境的團隊，沒有吹牛角號攻城的土匪，沒有翅膀上塗了兩團紅點的大鐵鳥在空中下蛋，也聽不見一聲槍響，家裏也沒有當年許多大哥哥大姐姐與父母論說坐談的場面，更沒有人高聲響應政府「一寸山河一寸血，十萬青年十萬軍」的號召……但是，就是讓人怵惕不安。共產黨軍人是什麼樣子，我不知道。國民黨軍人是什麼打扮，我也不知。我只知道，周璇主演的電影「憶江南」中的歌曲所唱出的江南，已經失去了溫柔秀媚，魚米之鄉已經民不聊生，窮困殘敗，養蠶人家已經欲哭無淚了。我也知道，在大街小巷，這裏那裏，人們都在細聲談說：「共產黨就要來了。」

建鄴路上張貼了各家報紙的民眾讀報欄上，所報導的大消息都是又大又粗的黑字。人頭鑽動，卻鴉雀無聲。有一天，我下學經過報欄，因見無人，便快步走近。《大剛報》的副刊映在眼中，刊載的多是富有新生力量的文稿，反覆訴說著社會上的黑暗腐敗。我發現了一首〈馬的挺進〉的新詩，作者署名莊申慶，那不就是就讀市立一中的大哥嗎？

那年入秋以後，國事蜩螗得更其慘緊了。金融財政開始大崩盤。貨幣先從法幣改成金圓券，旋又變成銀圓券，鈔票如同廢紙。沒人留存，也沒人惜。社會上「務實」「搶購」的勢頭出現了，如狂風暴雨，席捲了南京。自朝至暮，人民在商店外大排長龍，以有限的「廢紙」般的銀圓券，去換取實物：豆腐乳、青菜、花生、油、鹽、木柴、煤炭、肥皂、大米……建鄴路上賣燒臘板鴨的店面早上了木板門，很早就打烊了。兜賣銀圓「袁大頭」的販子，手裏捏了兩枚銀圓，叮噹敲擊著公然滿街走，生意極盛。老百姓都用形同廢紙的銀圓券去跟他們兌換真銀圓。倉巷口水井旁，往日圍井暢說的婦女很少了。十一月，共產黨的軍隊以數十萬人火力攻打徐州。徐蚌會戰開始，國民政府勢已陷入絕境，南京地區爆發了人民瘋狂搶購大米事件。

聽不見一聲槍響，也看不見一絲火光。景況跟抗戰時完全不同。風聲鶴唳，一種難以形容的感受，就像封堵了鼻口的北風，讓人連呼吸都覺得困難。下課放學回家，父母不許我們外出，連到冶山上吹口琴，到莫愁路上看日暮的機會都沒有了。南京，那傲古穆雅的六朝帝王之都，原該有多少歷史陳蹟供我憑弔，可憐我竟連朱自清與俞平伯聯手結伴同遊的秦淮河也沒去過。中山陵的石階有多少級我沒數過，鼓樓我沒去過，棲霞山的紅葉沒看過，燕子磯的確處不知，連玄武湖也只去了一次，還不是在滿湖蓮荷盛開的時候。江南啊！江南！在一個初長成多愁善感少年的我的心中，已經毫無畫意詩情了。

臺灣，是什麼地方呀？

那年十二月，存放南京戰後粗安的故宮文物，沒有回歸北京故宮的機緣，終於又奉政令搬遷了。而這次竟是「出國」（我當時直覺的想法）了，要去四面都是驚濤駭浪的臺灣島了。

臺灣，臺灣是什麼地方呀！

我們爭吵著去問父親。他說：

「臺灣就是一個海島。自古都是中國的土地，後來給了日本，現在又是我們的了。我去過。」

父親的確在一九四八年的春天與鄭振鐸、錢鍾書、向達等人經教育部派聘組團自南京訪問臺灣，宣揚中國傳統文化。我並未特別留意，只知道那裏出產香蕉，大米好吃。

我們又問父親，為什麼不回貴州安順，不回四川？

他沒有多說，取出一張地圖，指著像一片大樹葉的臺灣給我們看。

故宮博物院古物館館長徐鴻寶（森玉）先生到了南京，負責洽辦古物搬運細節。徐先生邀約我們全家去建鄴路上的「金玉興」飯店吃飯餞行。那是我有記憶以來平生第一次受邀在外吃飯，正正式式在像樣的飯館吃飯。有酒，父親用筷子蘸了燒酒讓我們品呷，這也是我平生第一次吃酒。當然，我記得的，只是那次吃飯的菜，有著名的南京板鴨，真香。

父親的北大恩師，時任故宮博物院院長的馬衡（叔平）先生也來到了南京。他雖不同意古物遷臺，但礙於政令，也無可奈何。只語重心長地頻頻告誡父親要多多負責，注意安全。在倉卒忙亂登船之前，馬院長與父親握手告別，寒風中瞅見了父親身後的我，摸撫了我的頭，並無一語，逕自把身上的呢大衣解脫下來，緩緩覆在我身上。

無限江山，別時容易見時難

就這樣，帶著溫情與悽惶，莫名其妙地離開了南京，去投奔一個茫然無知的海中孤島——臺灣。

夢驚殘夢裏，愁在莫愁邊！

在長江裏，當我們乘坐的海軍中鼎號軍艦經過江陰要塞時，我正在甲板上回憶著自重慶乘船沿長江東下之際，艦上的官兵們驅喚我入艙，說是可能與岸上的軍方開火。在艙內，戒備森嚴的氣氛又一次攫住了我。但是，這一次不是在吹熄了燭火，和衣躺在床上盜汗靜聽攻城土匪的牛角號聲了。一片寂靜，沒有槍響，但聞水浪聲，以及甲板上海軍總司令桂永清將軍的那條大狼狗因暈船的嗥叫。

終於有人打開了隨身攜帶的收音機，我們聽見了聲量不大卻有力的廣播：

「……莊匪尚嚴偷盜故宮國寶，潛逃臺灣……」

真的，一直到今天我都不明白，也一直頗覺遺憾。為什麼父親突然變成「匪」了？我自幼小就由父親帶著，南北播遷，歷經艱辛，從沒聽說故宮文物有一件破損或失竊，怎麼會說父親是「偷盜國寶」呢？既不是匪，也未偷盜，是奉派去臺，怎麼會是「潛逃」呢？

那時，滿腦子的不解思緒，把我搞得頭昏。因此，我連被譽為「東方之珠」的上海，在經過時都無由一見，就糊裏糊塗地「出國」了。

第五部分

不容明月沉天去

我們不可能再回到安順，四川巴縣，甚至南京朝天宮那樣的地方去了。我們即將逐漸地變成臺灣人了。

不容明月沉天去，
卻有江濤動地來。

——清・龔定盦

流浪者之歌

這兩句清代大文學家龔自珍先生的詩，是我浮海到了臺灣以後的十五年（自抵臺至離臺）中，由少年而青年而中年，最後戴月披星又跨海而去，心裏懷著一個「中國」，無時無刻不切切思念最佳的寫照。

明月，是指數千年來光輝燦爛的中華歷史文物，一直在長期的內憂外患和風雨飄搖之中，最後因國共內戰分裂而流落臺灣。何時這明月方可雲開朗照故土神州，讓這批不朽民族精粹文物再安然無恙回到它安身立命的地方——北京去？蘇東坡的詞說：「人有悲歡離合，月有陰晴圓缺，此事古難全。但願人長久，千里共嬋娟。」古難全，難道今世就無望了嗎？「人長久」上面的「但願」兩字可以衍去，就一定「千里共嬋娟」了。

離是悲，遊子不得還鄉，都是人間令人苦痛扼腕的事。就因為太沉重了，太淒哀了，太可憐了。無盡的流浪，的的確確太令人鼻酸感嘆了。

是此，朝朝暮暮，我一直心虔意誠的祈禱盼望，天下合久必分，分久必合，民族的大團結，就是長虹掛天，龍騰虎躍，就是一統的強大中國的再現！再沒有苦難，再沒有流離，再沒有屈辱，而只有和平，只有威盛，只有榮耀！我真的懇摯而熱切地期盼那地動山搖、一如大江中滾滾而來的巨浪驚濤，把中國滌洗一新，讓中國永遠永遠屹立於天地之間。

一定的，肯定的。只有一個富足的、繁盛的、昌明的、強大的中國，才能確確實實擁有全世界海內外，人口最多，氣質優稟，黑髮黃膚的中華民族的愛戴支持，才能發揮出無比力量，也才能固守住這舉世無雙的珍貴國寶，才能傲首寰宇而不讓它再無奈地散落流亡了。

「故宮博物院」如果不回到北京，怎能長久託用「故宮」這兩個字呢？

莊家，是伴隨故宮古物，於一九四八年十二月二十二日乘國民政府海軍中鼎號艦艇離開南京的。

初抵臺灣

由於船上的兩個推進器壞了一個，在海上半駛半漂了七天才抵達臺灣的基隆港。一直到那時刻，在甲板上日夜哀嗥的大狼狗才不叫號了。擠在艙內的人，爭先恐後搶登甲板，為的是鬆一口長氣，迎接新生，看望初臨的「外國」臺灣。

負責防護國寶安全的軍官與士兵們，換穿清洗過的乾淨制服，略整儀容，聚集在船頭。他們高聲喧囂，彷彿是當年的明朝，奉派下西洋的炎黃子孫，不免流露出一種天國的驕狂與漪盛威儀的情態來。我擠在他們當中，但我沒有看見鄭和，也沒有看見特務連的胡遠帆連長。士兵們的口音南腔北調，令人搞不清楚這些人到底是從哪兒來的。他們可以代表天國嗎？天國的語言怎麼會是南腔北調的呢？我一點也感覺不出「天國」的威儀來。當年抗戰，到湖南、湖北、貴州、四川、南京，都是以當地大多數人的鄉音為主，因為我們不過是所謂的「同是天涯淪落人」，不過是暫棲的異鄉人罷了。沒有人顯現天國的驕狂。我們都是先從方言口音上摻混融入的。這就是我站立艦上的前方，沐著煦煦和風，聽著艦上官兵的不同口音，以及艦下划了小舟前來兜售香蕉和土產食品菸酒的小商人們口操另一種我從未聽過的方言，當時對初抵的臺灣的強烈感受。

艦上的軍夫，紛紛自荷包中掏出實際上已經形同廢紙的銀圓券紙幣，握在手中凌空當風搖幌，笑鬧著大聲呼叫，向下方飄搖水面小舟上的商販指示所需——香蕉、香菸、酒、茶葉蛋等等，小商人們把出售的什物置放在一個竹籃內，將繫連竹籃的草繩拋扔到艦上，等待買主把錢鈔放在籃中徐徐放下而完成交易。當一把把一簇簇的香蕉，金黃亮麗呈現在我眼前時，立刻讓我不禁想起在重慶時嚐過一口，意猶未足的被切去頭尾發黑的香蕉來。沒有精緻的玻璃紙包裝，散發出清淡的香澤，彷彿父親當年所說「等以後到南方，會買整把不爛的新鮮香蕉給你們吃」的話語，又在耳邊響起來了。我的興奮快欣夾雜了對往事的緬念，真是難以形容。難道這就是父親當年說的「以後」嗎？

然則，艦上的軍夫們，卻是比我更早滿足了他們的興奮與快欣。但見他們把香蕉和茶葉蛋剝了皮，塞入口中吞嚥，卻不見有人將應付的紙鈔置放籃中垂下。他們以勝利者的天國臣民驕狂態度，指著下面水上的小販們笑罵，吐口水，將香蕉皮和茶葉蛋殼使力拋砸下去。他們笑出了眼淚。小舟上的商販無奈地大聲回罵、揮拳，終於搖著頭把小舟划開了。這樣的一幕，不就跟我當年在四川巴縣一品場石油溝飛仙岩下的虎溪橋上，看特務連的官兵們用實彈把無辜的河魚炸死一樣嗎？唉！

回到艙裏之後，我把所見所思告訴了父親。他搖著頭，淡然問我：

「你也吃了香蕉和茶葉蛋沒給錢嗎？」

我搖搖頭，嘟著嘴悶聲不語。父親攤開巨掌，撫壓在我頭頂，嘆了一口氣，喟然地說：

「哎！怎麼會這樣？這以後的日子……」

這就是我初抵臺灣，尚未著陸，對這個海上孤島的感受。我記得非常非常之清楚，父親曾說過臺灣的大米好吃，但是我毫無吞嚥的胃口了；而不知為何，那新鮮亮麗的香蕉也誘不起我的食慾了。

這是哪裏啊？

好在我們下了船之後，很快搭乘汽車逕赴臺北。

我們住在延平北路上的第一旅社。旅社的緊鄰是臺北第一大戲院。名為戲院，實際上只放電影。放映的全是日本電影。戲院門首的櫃窗內張貼著彩色的日本影片廣告，當然還有即映電影的內容照片。日本影星的名字都是中文字，但是唸起來頗覺奇怪，一個人的名字竟然可以多達五六個中文字。而我只能用中文發音，也就見怪不怪了。這是我從來沒有的經驗。中國人和日本人看起來並無不同，怎麼會相互為敵，戰爭八年？我也聽見自戲院門首的廣播喇叭傳出的日本音樂，在街上扣合飄散。老百姓則多穿著日式的木屐，啪噠啪噠在街上踏響。販賣燒烤魷魚的小販聚集在電影院門口，雖然不用日語叫喚，但以閩南方言吆喝，我卻連一個字也聽不懂。總之，看得眼花，聽得耳亂。我不禁自問：「我是在日本嗎？」當初自南京登船出發前，我就有「出國」的感覺，而此刻可能是真實的了。我為什麼要到敵人日本鬼子的國家去？那個時期前後自大陸受過日本侵略戰爭之苦害而去臺的人，我想百分之九十五都會有這麼單純的對日反感，並不足怪。我這樣說，也毫不誇張。

在第一大戲院的門首，還有販賣香菸和檳榔的小販。製作販賣檳榔的人多是老婦或青年男士。這些人製作檳榔的熟練手法，就跟當年在安順東門坡上賣茨藜賣蠶豆的苗女一樣。用一把鋒利的小刀將青澀的一顆檳榔割開，快速地用刀尖在一旁盛放調料的小瓷盤中挑起一團糊狀呈咖啡色的東西，填放在割開的檳榔縫隙，再將一小片青鮮的植物塞入縫中，一顆待嚼食的檳榔就製作好了。

買檳榔的人真不少，很多人嘴裏仍在不停咀嚼，紅色的汁液尚未吐盡，便又將一粒檳榔放在口裏了。我在一旁凝息觀看，彷彿嚼食人的樂趣，就像嚼食瓦兒糖的孩童感染了我。他們是那麼興致高昂地嚼食著，我的好奇心十分地被提升起來了。雖然不懂閩南方言，卻從口袋內掏出幾張銀圓券來供賣者自揀。對方在取了應得的鈔票後，用一方裁好的報紙包了數粒檳榔交到我手中。我急不可待地將一粒投入口中，使勁嚼咬，那有一絲甜味？一股辛辣苦澀的怪味溢散口內，心一急，未再咀嚼就吞下肚了。喉頭立時乾澀發燙，原以為是蜜果的檳榔竟像毒藥，窘得我兩眼含淚，苦不堪言。檳榔販目睹了我的狼狽，這樣的怪模樣，令他大笑。因我不懂臺語，他遂低頭連連往地上吐口水。我誤以為那是對我欺生的惡意揶揄，非常不樂。把餘下的未曾食用的檳榔塞還給對方，負氣離去。

檳榔販往地上吐口水，用意是要告訴我嚼食檳榔產生的口液，不能吞下，要吐在地上。不知者不罪，言語不通，竟發生了上述的誤解。我在了解了賣檳榔人的善意後，如有所思，覺得中國真要強大，除了文字的統一外，語言的統一當係重要條件。臺灣有「國語統一委員會」的成立，甚是。

不快事件發生後沒幾天，父親接到訓令，故宮運臺文物將遷至新竹縣楊梅鎮。就這樣，連臺北全貌尚未得見，我們就搬離了第一旅社，也告別了日本文化色彩濃厚的延平北路。以日本鬼子放大的影片中取景的電影廣告看不見了；刺耳的日本音樂也聽不見了；讓我蒙羞的檳榔也突然消失了；延平北路上雜沓的木屐聲也消隱了。我們乘火車南下新竹縣楊梅。

楊梅的冬天，怎麼這麼冷？

楊梅是一個人口不多，環境十分黯淡簡陋的小鎮。在那裏，故宮國寶都暫存在離火車站不遠的通用汽車公司的大倉庫裏。當然，故宮的職員及家屬也經安排住在大統倉的倉庫中。

我們到達時是一九四八年的年尾，天氣寒冷，風雨不已。

我的一九四九年元旦是在楊梅度過的。那天仍是寒雨不止。我們一家人，愁坐在大統倉中，不知身在何方。我自己也不知在想著什麼，往事？也許是。「不堪回首話當年」，可能是我並不喜愛卻不得不承認其適度描寫性的一句話了。

我感到空前的陌生、孤寂、和無援。

那天，父親帶全家去鎮上的永興飯店吃飯。他要了酒，也比平常多點了兩道菜，有煎魚和魚丸湯，算是對新年的祝賀。

晚上，躺臥在又硬又涼的木板鋪上，翻來覆去睡也睡不著。窺向窗外，黑黝黝的，什麼也看不清楚，只見一隻野狗瑟索在風雨中路燈下行過。風彷彿整宿未停。當年在大陸上的除夕夜，全不是這個樣子，因為我一直沒有脫離中國，我從未感受到像在陌生的海上孤島名叫楊梅的一個小鎮上所感受到的陌生與孤寒寂寞。自幼身逢亂世離鄉流浪，對於「故鄉」始終不明，如果不是生在北京那樣的大城，也許我的這一份強盛的委屈感會減少一些吧。再怎麼說，當年奔走四方，卻未去國，可見「家國」一說把二者緊緊牽羈一起，不是沒有道理的。我在中國的時候，地理課本上只告訴我說中國有二十八個省，沒有臺灣。突然間蹦出一個臺灣來，實在是意想不到太奇怪的事。父親曾說臺灣的香蕉好吃，我吃過了；當然比重慶沙利文西點麵包店裏用玻璃紙精裝發黑的香蕉好吃。但是，香蕉可不能當飯吃。父親也說過臺灣的大米好吃，我也吃過了；當然也比在貴州安順時的「八寶飯」好。但是，這「好」的感覺，並沒有配合著我的心情讓我足意接受。太過平順客觀的好，實際上也許並不意味真的感受吧。好像喝綠豆湯，也不能成年四季無時不喝，畢竟要在炎暑某種特定的情況下暢飲才好。年糕好吃，但不在下雪過年的時候吃，有味嗎？

人，我已經在臺灣了，大米也早嚐過。父親曾說臺灣的天氣好，四季如春，我卻覺得並不一定。一到楊梅就是溼瀝瀝冷颼颼的天氣，一時只感到是老天爺有意跟我們開玩笑。抗戰時期，父親不是一直維護著國寶四方走避吃過千辛萬苦嗎？怎麼最後竟被送到楊梅這樣陌生的一個小鎮來了？當地有人對父親說，臺灣幾十年來都沒這麼冷過，很可能是政府派來臺灣的人在玩弄手法了。

在楊梅那麼短暫的寄居，我總不能把自己囿在通用汽車公司的大倉庫裏。於是，我多半待在附近的火車站。從早到晚聽火車的汽笛聲，看火車南馳北往。抗戰時期總盼望著有朝一日乘坐火車翻山越嶺的快意想像，現在竟被火車的巨輪輾碎在眼前了。眼望著火車一列列吼叫著離站遠去時，我的感覺就似火車噴吐的蒸汽，隨著汽笛聲飄散到不知名的地方去。

從臺北來的報紙上說，國共和談失敗，無望了。

失敗了也好，我想。那麼很快就可以離開楊梅，離開這陌生的海中孤島，回國去。回到貴州高原上，回到四川巴縣飛仙岩下，回到南京朝天宮旁，回到三伏天都會被蟬鳴炸破的老家北京去！

住在臺中的旅館裏

一九四九年的一月十二日，我們的確離開了荒僻寂寥陌生的小鎮楊梅。可是並沒回貴州，也沒回四川、南京。我們是乘火車繼續南下，到臺中去。

我們被安排住在南臺中的合作旅社。

同年一月二十八日，是中國農曆的除夕。我那天在日記中這樣寫：

> 回憶這五、六年所過的年，彷彿都在動盪中。快樂、偶然、幽默是特色。但多半是感傷。今年更其不同，是在烽火漫天逃到臺灣求快樂。晚上，並沒有特殊的年夜飯。旅館裏的菜是每天幾乎一律的菜色，不過在分量上增加了一

些。餃子是沒有的（莊家在抗戰時，每年除夕夜都包餃子吃，取其象徵元寶的吉利），原因之一是麵粉太貴了，之二是因為住在旅館內，且家具不全，人更無心情。

「烽火漫天」這樣的詞彙，我在描述記錄抗戰歲時的生活都從未用過。而如今卻用上了，想來是因為內戰更使我感觸的吧。

在旅館八個榻榻米大的一間屋子裏，住了將近一個月。每天無聊得實難形容。這大概是我此生自有記憶以來最漫長最大的苦惱了。在安順東門坡上的小四合院中滾鐵環、騎竹馬；在四川巴縣一品場石油溝，站立虎溪橋上看士兵實彈炸魚，以及跳躍奔子橋過河；在重慶爬上南山看長江；在南京戴了耳罩帶小火爐去上學……不管那一項，都絕對勝過乾坐在八個榻榻米大的一間小屋子裏百無聊奈。這種類似囚禁的生活，一月三十一日的日記裏有這樣的描寫：

那是不行的，絕對不行的。難道人生就這樣嗎？要是真的這樣，那就完了。耳朵會退化，眼睛會變盲目，嘴巴也不會說話了，鼻子無法呼吸了，也許肚皮內的機器都會停工了。哎呀！形同死屍一具！

幸好，在二月的下旬，我們終於結束了那可怕的旅館生活，又搬家了。

終於有了「半自己」的住房

這次從旅社遷出，有了「半自己」的住房。所謂「半自己」，是指住房為公家興建，我們沒有產權，但有絕對的使用權。「產權」是一個相當專業性的用詞，也可以說是相當現代的經濟學上的名詞。在那時，對大多「浮家泛宅」四處漂萍的政府工作人員，恐怕沒有人真正具有這樣奢華的虛名的。這是否意味著中國長久以來未能躋身現代世界的產業經濟之中？我不是學經濟的，不敢輕言。但就直覺而觀，似乎中國的社會一直不脫大家庭的傳統，「個人」如何如何，還不能得到某種程度的伸張。這樣看來，「現代化」云云，也許僅是口頭意識的一種表徵，實質上的政治及經濟上的落實，恐怕尚有待來日。

說得具體易懂一些，我們從合作旅社遷出之後，搬入了故宮博物院在臺中市新建的宿舍。「宿舍」這個東西，在今日西方國家真正自由經濟民主政治的社會，提倡個人主義，是政府不得已方才向雇用人員示為優惠的。大概只有學校提供這等方便，或者慈善輔導性的公立部門才能見到。在美國，誰會聽說一個政府機構的員工住在宿舍裏的？

撇開這些。且說自旅社遷出搬入宿舍以後，我的第一個反應是：我們可是要在這陌生的孤島長居久住下去了。我們不可能再回到安順，四川巴縣，甚至南京朝天宮那樣的地方去了。我們即將逐漸地變成臺灣人了。

我們當年在南京也是住在「宿舍」裏的，是否意味我們就要在南京久居，最後變成南京人呢？答案是否定的。因為，當初從重慶因抗戰勝利回到南京，那只是還歸北京的一個階段，而最終是要回到老家去的。可是，從南京「出國」到了臺灣，便完全不同了，我們回不去老家了。老家已在政治上變成了一個新的世界，我們也已經不再具有「回家」的條件與身分了。「一年準備，兩年反攻，三年掃蕩，五年成功。」這只是政府當年初撤臺灣時的空頭炮彈口號。

那一次搬家，我最大的感受是我有了這樣的意識。這不似在貴州，在四川，在南京，從來未曾想到會在何時遷離。只要政府訓令一到，父親就會攜家帶小拔腳就走。而且，不論再走到那裏，也不會到一個充斥著日本文化的地方去，也不會「出國」的。走在街上，也絕不會總有口操日語的國人交談論說。經過八年浴血抗戰，跨海去臺，居然浸在半日本文化的氣氛中，這樣的經驗，太奇特了，太不可思議了。

不是嗎？我們從合作旅社遷出而要搬入的宿舍，正是日式的榻榻米的房舍。我們在臺北住的第一旅社及臺中住的合作旅社都是日本式的，而現在又要住進純日式的宿舍了。日本文化的附著於中土，我想或係經過對日戰爭後尚未完全平息的大陸人，在短暫的臺灣停留期間，頗難適應的一種現象。

1949–1950 年，故宮遷臺文物暫存於臺中糖廠倉庫期間，當時的中央文物聯合管理處辦公室和同仁宿舍，就蓋在糖廠牆外的南臺中振興路旁。圖中右邊房舍即為同仁宿舍的一部分；左邊較遠處之木造房屋即為糖廠小火車的花園車站。

二月二十二日，我們正式遷入在南臺中振興路（好一個路名）上的新宿舍。每一戶分到的單元是兩房。進門處有一小玄關，雨傘鞋履都放置該地。再踏上一層，就是不置木床的榻榻米草墊了。門前有竹籬圍成的小院，約得三疊榻榻米大

1949 年夏天，莊家在臺中振興路的宿舍屋內一隅。

小。推開後門，即是臺中糖廠排放榨糖廢水的水溝。每日熱漿數度流放，因為是甘蔗水，引來蚊蠅無數。屋中蒼蠅飛繞熱鬧，真成了蒼蠅世界，用蒼蠅拍都打殺不盡。宿舍中也沒有私人浴室及廚房，廁所也是公用。入夜如廁非常不便，洗澡更不必說了。早晨漱洗，大家也是共襄盛舉，漪偉哉！

和大哥、三弟一同考上臺中二中

二月二十七日，省立臺中二中招生放榜。大哥、三弟和我都有幸金榜題名。進入同一所學校，我可以不似在南京一樣與他們行走上學時的自慚形穢了。

二中的放榜，在另一層意義上說，是對我們無所事事胡思亂想的生活的一種「約束型」的解放。

放榜次日，我們到學校去觀察新環境。

在路上，碰見了一夥身穿二中制服的學生。他們公然在大馬路上吸菸。這夥人個個刁浮，他們企圖阻攔我們前行，想要示威。我們故意不予理睬，算是免了一場極可能的不愉快。

我們就讀省二中，是有因由的。凡自大陸移民臺灣的學生，都由省教育廳指派各地（縣市）一所中學予以接納。我們就是如此而去二中的。學校為此，在原有各年級外另增一班，我當時被編在初二丙班。該班的學生，大約四分之三都是「同是天涯淪落人」的外省籍學生。四分之一的本省籍同學可分為兩類，其一是日本教育體制下的規矩學生，對老師無條件的敬而畏。比方說，上課遲到了，老師詢問何以遲到，學生有理也不敢申說，只是垂頭恭恭敬敬回答「是遲到了」。老師再問，答案不易。另一類學生則是我來校時在馬路上遇見的那種人：吸菸，滿口日文，耍流氓。

在校內，本省籍和外省籍的學生分成兩大壁壘，彼此鮮有往來。那批吸菸滿口日文的學生野蠻好勇滋事，對外省籍的學生的態度極不友善。外省籍的學生為求自保，於是在「同是天涯淪落人」的號召之下，南北大團結，自然形成了一種力量。這現象是我在抗戰時期行經各地從未見過的。

我當時的日記曾有這樣的記載：

三月七日，星期一。

今天是上課的第一天。

終於上課了。我帶著興奮、快樂也帶著苦惱去學校。快樂的是又有學校可上，又有書可讀了。當然幸運。苦惱的是，我們外省籍的學生好像與本省籍的學生之間，仍有很大很深的怨與冤仇。我在內地上學時從來不曾想到也不曾遇到的情況現在出現了。它讓我悸動。

學校的情形，就我第一天的所見來加以形容，可以用「一塌糊塗」四字概括。我在日記中這樣寫：

上午已經九點鐘了，卻還沒有一點動靜。辦公室內靜悄悄的，教職員沒見半個鬼影子。只有兩位女幹事，相對坐著談說。她們嘻嘻發笑，大概是在談說時髦一類的話題。升旗以後，教務主任報告完畢我才知道自己的教室在那裏。今天一共有六堂課，可是一位老師都沒有來。一天無聊混過了，下午三點就無精打采地回家了。今天我親眼看見一位本省籍的初中生用手去摸大概是陳立夫兒子的新腳踏車，被陳某打了一個耳光。

三月九日，星期三

今早第三節課沒有老師來。本省籍學生於是打開飯盒提前吃午飯。他們大都三口併一口地狼吞虎嚥。吃的時侯，則不停四面張望，像賊偷一樣。一旦發覺有人在注視，立刻將飯盒用蓋子扣好。總而言之，非常的小家子氣。

三月十日，星期四

孫科突然辭去行政院長職務，政壇似乎有大變了。朝野都盛傳何應欽將軍出線的可能最大。軍人執政，大概又是一種風格了。何將軍，我希望你不要辜負了你的名字，你的作為「應」該讓人「欽」佩才是。

國文老師的肝火很大，脾氣不好。他的「臺灣國語」讓大家感到吃力。有一位外省籍的同學請他講時稍稍緩慢一些，也希望他的聲量大一些，因為後座的同學實在聽不清楚。同學的話很合理，態度也沒有不敬。殊知老師大怒道：「我教高中都教了三年，現在教初中，你們就說聽沒有懂。聽沒有懂就不要聽，請教務處換老師。」

哎呀！問題真是太多了。

三月十三日，星期日

李宗仁代總統提名何應欽組閣，獲立法院通過。何應欽即日赴南京就任。對於何氏組閣，大家都認為國共和談更沒有希望了。仗，看樣子一定繼續打下去。我們也一定得住在臺灣。

去年的「二五八」臺灣人有暴動，內地人被打。但是都被軍人用槍桿子鎮壓下去了。臺灣不是樂土，大米再好吃香蕉再好吃我也不要了。好想回大陸去啊。

本省籍同學似乎對外省籍學生覺得很異樣。除了上課之外，他們總是用新奇的眼光看我們，而且總是笑嘻嘻地。其實，我們臉上也沒有多長一個鼻子，皮膚也沒有特別黑。真好笑。

三月二十一日，星期一

三年級的學生中有兩位半斤八兩的傢伙。聽說一位是陳立夫的兒子或陳家的什麼人，一位是王世杰的兒子。他們老逃課，騎著嶄新的英國腳踏車轉來轉去。放學以後，他們在大街上騎車兜圈子，倒車鍊子咔咔響，衝著女生表露洋意。

新內閣的名單公布了。行政院副院長賈景德，教育部長杭立武。新人多，但不知新內閣會維持多久。

下午開級會。選級長。差一點鬧出外省籍學生和本省籍學生的全武行。原因是級長當選人是外省籍（本班外省籍學生居多），所以本省籍學生大不高興，他們一致要求重選。五個股長中外省籍學生佔了三個，於是本省籍同學威脅說：「如果不重選，以後發生問題你們要負責。」怎麼重選？是不是五個股長都由他們來當才行？

學校的新軍訓教官到校了。今天早上，我們班上的一位本省籍同學因為遲到，被教官叫上臺去當眾打了兩個耳光，聲音清脆。怎麼這樣？

五月二十三日，星期一

時局不振。校中半數老師都不辭而別了。看來，不久我們又無校可上，無書可讀了。

五月二十五日，星期三

共匪截上海吳淞江口，上海完了。

五月三十日，星期一

上海保衛戰很快結束。湯恩伯將軍告上海父老：「上海雖陷敵手，不久本人必當重返救父老出火坑。」放屁。

六月三日，星期五

何應欽將軍請辭行政院長。閻錫山繼任。還是軍人。天雨，甚思念舊友。如今四散西東，都不知怎麼樣了。貴州、四川、南京，不知何日可以重返？

六月十六日，星期四

臺幣改制今天實行。舊臺幣四萬兌換新臺幣一圓。希望不要像當年在南京時法幣一夕變金圓券，一夕又變銀圓券那樣。不知道這次改革能否維持下去？

六月二十五日，星期六

快放暑假了。老師學生都馬虎起來。老師乾脆不上課了。什麼教育！

七月二十三日，星期六

長沙開始疏散，大量裁員。

父親語重心長地說：「今年中秋節如果真能在臺灣過，就算幸運。」我覺得自己從出生起，就過著顛沛流離的生活。唉！何時了？

七月二十四日，星期天

長沙快要不行了。廣州也開始緊張。

爸的薪水仍未拿到。廣州一旦失守，我們全家可能要喝西北風了。

七月二十八日，星期四

李代總統及教育部長杭立武今日來臺灣。

七月三十一日，星期天

杭部長今天抵臺中，父親也去火車站迎接。因此他晚飯也沒吃好。杭部長不走，他哪敢回家吃飯休息？這是中國官場。父親什麼時候回的家，我不知道。

共產黨的廣播說，凡是跟國民政府逃到廣州及香港去的人，處五年徒刑；去臺灣的處十年徒刑。

國情不好，心中煩悶。一個國家的興衰真的關係整個社會人心。

八月二十五日，星期四

蔣總裁赴重慶及西南各地視察。我看再視察也沒用了。報上說，政府擬從廣州至四川修築一道防線抵制共匪。這真是異想天開。廣州已經不穩了，各機關學校紛紛遷重慶遷臺灣。兩廣及福建江西一旦失守，湖北湖南就保不住。共匪如果大舉進攻，再強的防線有個屁用。

八月二十八日，星期日

蘭州失守了。西北將盡，完蛋了。

九月二日，星期四

教育部長杭立武的夫人想當小學校長。於是部長一個命令到了臺灣省教育廳。教育廳又一個電話給臺中市政府，把好端端的臺中市小學的校長調到鄉下去當小學校長。而鄉下原任小學校長則被調到臺中市政府。結果，部長夫人就「不甘示弱」地「榮任」臺中市小學的校長了。中國的官場，如此這般。

我從一九四九年入學臺中二中，從初中二年級一直上到一九五三年自高中畢業。五年中，我從動亂步入平和，由少年而成為青年。前一半的初中生活，是我原有少年生活的續延。因為初抵臺灣未久，人地生疏，也有一種怯生的失落感長久伴隨左右，加上學校的雜亂，教育的支離破碎，政治環境的迭改，使我的少年時代就艱澀苦悶灰悒地結束了。如今回憶，我的初中階段委實乏善可陳。唯一令我有感的事，是我彷彿又回到了從前人在鄉郊，處室絕塵想的那種恬淡自然生活。那情形就如同在外應酬大魚大肉之後，步月回家，靜坐窗下，喝一杯清淡爽神兼又消食化氣的龍井綠茶一樣，而後倒頭安眠，不知東方之既白。

洞天山堂的恬淡生活

我在初三那年，故宮博物院在臺中縣霧峰鄉的北溝村依山而建的山洞庫房及職員宿舍完工。因此，暫存於臺中市糖廠中的國寶文物又從寄人籬下的環境回歸大自然的寧靜清和。父親也就帶著我們一家又下鄉了。

我們的新家，是一棟以竹子為建材，外敷泥土刷上石灰的簡陋家屋。父親以故宮收藏的名畫——五代大家董源的〈洞天山堂圖〉取其「洞天山堂」四字，親自書寫了一塊木匾懸於大門之上。自此，莊家在洞天山堂前後居住了十五年。

以竹子為建材，外敷泥土再刷上石灰的洞天山堂，莊家在此住了十五年。（莊靈攝）

北溝洞天山堂室內一景，左後方為莊嚴先生的書桌。（莊靈攝）

新家房室共得一字橫排四間。靠山偏右的一間是我們兄弟四人的臥室。內中設一似炕的大床榻，上面鋪裝了日式的

北溝洞天山堂時期的莊嚴先生（上）和夫人申若俠女士（下）。（莊靈攝）

榻榻米草蓆墊。沿炕榻為一大櫥，置放棉被及衣褲等物。除此之外，只餘窗前一條狹窄的上炕榻的通道。旁邊的一間是客廳，沿牆擺設了三個竹書架，父親自北京逃難帶出僅存及戰亂中胡亂添置的書冊，全數陳列在書架上。此房間的內右角有一張小書桌，是父親的書案了。再下去靠左的一間是父親母親的臥室，有一張大竹床。此外，有一木製四方桌，為一家進膳之用。最後一間則分成兩部分，靠外一半是廚房，內一半為浴廁及堆房。

父親的一生，對於物質生活毫無眷戀，隨遇而安，但求清心得意，這大概與他大學時代攻讀哲學有關。住在那麼簡陋的房舍裏，身為古物館館長的他，毫不感到寒傖，每日在客廳一隅的小書桌上讀研書寫不輟。清茶一壺，怡然自得。洞天山堂的用水是公家自行設計提供的自來水，並非水電公司裝置的。這是在故宮庫房的那個小山頭上，設建一個小型簡單的電力抽水塔，把山下小溪中的溪水由埋設的鋁管抽調入塔，從此分送用水到各職員宿舍。雖說是自來水，可並未經過過濾消毒。打開水龍頭，偶然會有小魚小蝦隨流而至，很有趣味。此時，我便常憶起在貴州安順東門坡上擔水挑賣的青年來。想想，如果青年要擔水上山求買主，必然費力，也更可能畏難卻步。那樣一來，靠買水度日的我們則很是無奈了。

山中無有市場，日用菜蔬，必須去數里之外的霧峰鄉採購。我們兄弟每日清晨即起，為的是趕著搭乘往臺中市的糖廠小火車去上學。所謂清晨即起，是起床時天方破曉，房內必用電燈照射。漱洗著衣進餐之後，母親為我們裝好便當，便背了書包匆匆離家，沿著田間小徑趕去孤立在田中的北溝小火車站搭車赴臺中。父親偶時會送我們上學。自開動的擁擠的車上回首，可以看見他站在遠處的坡上向這邊揮手。

北溝村距離臺中市約二十餘里。每天晨間搭乘離家最近的交通工具就是糖廠的小火車了。由於車廂內早被自起站南投沿下各站的通學學生及村夫村婦的菜擔和牲畜雞禽的竹籠塞滿，上車之後，只能在車廂之間旅客上下的通道口抓住鐵欄以免搖幌。在這段車行期間(大約五十分鐘)，通常都是把課本從書包中抽出，配合車行壓滾鐵軌的「得！得！」聲閱讀背誦。四年下來，許許多多的文章及詩詞，都是那時誦讀熟記得來，琅琅可以上口。比起在四川幼時初讀唐詩，更添了文化氣息了。

每天通學，往來於北溝臺中間，披星戴月去上學，回到洞天山堂，已是薄暮時分。這樣的「動感」求學生涯，亂世以來尚屬首次。

洞天山堂外側，一面沿山，一面臨溪，夾岸都是翠竹。雖不及四川巴縣一品場飛仙岩下虎溪兩側的茂竹濃密，卻讓我又身臨其境地生活到竹子的淡雅翠綠中去了。瀟灑多姿起著新舊交迭的情懷，重溫竹情竹溫，絕對是始料不及的。在戰火喪亂中避入竹林，步出竹林，飛江越海之後，又再投入竹林，我這一生與竹的情緣竟如此深篤，君子之交，可謂無愧。

新校長新氣象

在我少年期初中時代生活的記憶，就是在初三那年臺中二中換了校長。新校長是潘振球先生，浙江人。潘先生是國民黨幹部出身。自任校長後，勵精圖治，把二中自陳泗蓀時代的暮朽散漫中提拔起來，就像他高佻英挺的身材一樣，令人有新氣象。潘校長時代，教職員大換血，都是少壯派人物當家。我在初三整學年中，除了體育老師是本省籍外，其他科目的任教老師都是外省籍。潘校長的這種安排，其實沒有一點省籍偏見，他只是覺得傳道解惑，絕對需要完整的對中華文化的認識與知識和充足的語文表達能力，以期完成教育宗旨。潘校長並製訂了校歌及校服。二中的校歌最能表達他的治學毫無偏私的理念，以及對於就讀二中青年學生大好前景的期盼：

怒潮澎湃，
群山圍拱。
優秀的青年磨礪在臺中。
炎黃世胄，無分西東，
努力學習相陶融。
二中！二中！

民族英萃，
新興文化急先鋒。
披荊斬棘，
沐雨櫛風，
矢志規復繼成功。
莫為今日皆年少，
年少志氣壯如虹。
且看他年再興史，
留將幾許寫二中。

「炎黃世冑，無分西東」，這是我自戰亂中走過，一直烙在心中的深刻印象。而今潘校長在校歌中明白宣示，太好了。我們初三丙班上的同學，來自中國各省，而老師們多半是「同是天涯淪落人」，那種血濃於水，四海一家的情感，給予我此生在人際關係中兼容並包的影響十分重大長遠。

可惜潘校長只任職一年，便調升臺灣省教育廳廳長去了。接棒的校長是羅人杰先生，一直到我高中畢業都是他任校長。潘校長打下了二中建校的新基礎，在羅校長任內，二中的校譽與學風都有顯著的提升。就以我一九五三年畢業考入全臺灣最好的、規模最大的唯一大學臺灣大學的學生來說，與全省那麼多的好學校高素質的高中畢業生比較，我們初三丙班的學生（包括原來同班而後轉學他校的學生）就多達十數人。

二中生活，啟迪了我的政治與文化意識

我在臺中二中這五年的成長過程中，除了在安定中求學得到身心雙方平衡發展的教育外，最重要的，就是我的政治意識的甦醒及政治信念的定型。

其實，我的政治意識極為單純。若僅以「中國問題」來說，可說是完完全全，封封密密包裹在「文化」裏。文化，是我的意識的燃點與出發點。我不奢談什麼西方的政治理論，中國問題並不能全方面以西洋政治理論為解說則是事實。一個民族國家，倘若沒有自己的文化基點，在政治上一概外求，最後不可能不失敗。共產主義在中國的失敗，就是如此。

我所認為的文化背景，在大原則上，就是政治上的百家爭鳴，這也就是與西方的民主意識不謀而合。自己的民族文化絕對不容漠視。中國只有在一個有效能的政府治理下，尊重自己的文化傳統，再參酌西方文化的政治精粹，才能真正站立起來，強盛起來，中國人方會受益。我從幼年喪亂漂泊到青年大學畢業出國，都沒有在強勢文化的中國環境中體面的生活過。「漢唐盛世」只是歷史，而現代中國則一直是一輪西下的落日。我感覺自己就是一個殘敗的文化逃亡者，長期無奈地也失望地生活在霞光滿天之後陰暗的山谷裏。我無比地熱愛中國，感到中國文化的彩耀，可是中國文化卻無力使我感到榮耀，只令我痛苦。中國沒有切實地照顧好我。文化是一個民族十分珍貴的遺產，而我們的文化的光耀在哪裏？

假如中國在歷史文明上沒有燦爛的文化傳統，我不會有如此氣餒的感受；假如自我出生就一直生活在霞光滿天的中國，父親就不會帶我「出國」到臺灣，我也不會離臺而長年棲遲域外，我也不會長時期的表露我對中國的關切，也不會長時期用中文來表達我的情感了。

也許，只有離開中國，生活在另一種文化中，才會孳育對中國文化進一步清明的認識，而使得自己對中國文化的嚮往變得真實殷切。

我剛到臺灣，是國民政府自中國大陸潰退到臺灣主政，所謂的「反共抗俄」的「克難時期」。姑無論國民黨政府的國策是如何堅持全島人民接受三民主義的教育，誓死反共，但是在本能的情感上，我對國民黨仍很生疏，並不甚同情。反之，我對共產黨也不清楚，對於其取得政權也並不興奮欣喜。我不興奮不欣喜，是因為我不喜歡中國共產黨身後的共產世界老大哥俄國。我自幼受教育以來，就認為外族沒有一個好東西。我只覺得，中國就是中國，共產黨身後的俄國及國民黨身後的美國都應該撤走，我不要看見它們的影子。「反共抗俄」，對我來說，「抗俄」是甚於「反共」的。國民黨革了滿清的命，腐敗了，共產黨又來革國民黨的命，邏輯上是一樣的。國民黨不能革了別人的命而不准別人革其命。共產思想與孫中山先生的民主思想都引自西方，為什麼共產思想就是洪水猛獸？共產主義的失敗是它缺乏「人性」，中國共產黨在中國推行共產主義治國，在鄧小平提倡「改革開放」以前，是不成功的，不成功的原因就是在毛澤東時代他沒有了解也沒有認識「中學為體，西學為用」的真諦，而且太霸道太自負。任何霸道自大的政權終極必敗亡，這就跟再烈的日頭最後一定西沉一樣。

我在臺中二中上高中的時候，就也許並不實際地幻想著，一個新的政黨代表一股全新的力量，會把中國拉起來，讓漢唐盛世再現。我要做一個體面有尊嚴的現代中國人。在臺灣，國民黨一黨獨大，打壓異己，沒有指望了。中國大陸上，開始時我對共產黨寄予希望的，但毛澤東狂人的所作所為，在我的幻想中把中國拉扯得更遠了。中國大多數人民，對於毛氏及共產黨只有「感情」，而完全喪失了「理智」。喪失理智的主因，就是教育知識的低落。國民黨的失敗，當然最基本的原因是教育的失敗。在當今的世界，沒有教育的民族，像非洲，像中南美洲，像亞洲一些窮苦落後的國家，民族的存在是沒有尊嚴的，是可悲的。為什麼？不談細節，教育的低落是最最根本。教育的成功，才可以把人的知識提升。在今日世界，不憑知識，拿什麼去競爭？你的自然資源再豐富也沒有用，完全被教育成功普及知識的國家民族取用了。阿拉伯世界出產大量石油，不是全操縱在世界上少數（教育成功）的先進國家手中麼？

中國絕對要搞好教育，捨此無他。教育的成功，不但會使民族的頭腦好，不僵化、不偏持，更能令人明辨。毛澤東瘋狂的人口論太胡鬧了。人口多，沒用，只是累贅。一件核武器就可以消滅幾百幾千萬人口。第二次世界大戰結束，中國的〈抗戰勝利紀念歌〉

曲中就有對於中國前景的殷切期盼，那一句「我們要振刷教育」真是太正確了。可惜，主政者完全不予重視。可悲呀！在「我們要振刷教育」這一句的後面，緊接著的是「我們要重建國防」。在當今世界，「國防」是一個國家圖存絕不可少的武器。武器不是用來先發制人，而是足以「自保」的條件。因為世界之間，已經暢通，不可能關起門來過日子了。百多年來中國因無國防幾致亡國，不是嗎？國防如何建立？除了武器這樣的硬件外，教育、知識這等軟件萬不可少。早在六十年前，譜寫〈抗戰勝利紀念歌〉曲的人，已經獨具慧眼語重心長為今後成為四強的中國預言了，而我們的政府當政者卻不予重視。現今的臺灣，只在推行教育的普及化，但在「質」與「量」上的問題，毫無因應。大學已經暴增到一百五十餘所，太可笑了。沒有質的提升，小小的臺灣島，最後就會變成像填肥了的鴨子而被宰殺烘烤了。寫到此，正好看見美國最大華文報紙《世界日報》二〇〇五年八月一日的社論——〈惡性膨脹的臺灣教育，後果嚴重〉，為我的立說作了最佳註解。它說：「經濟的興衰榮枯，固然重要，畢竟只是一時現象。真正令人憂慮的是臺灣教育的敗壞。在『普及化』的口號下，高等教育的水準江河日下。在『去中國化』的口號下，從小學到大學在進行『忘本』『挖根』的反教育。因而『商品化』的經營模式，大小學校漸成了商店，校長是掌櫃，教師如店員，萬千學子成了政治賭注的籌碼。眼看著要輸掉了臺灣的前途。」更說：「要緊的是教育方針。世界各國的教育，都必重視本國文化、歷史、倫理價值的承傳發揚。臺灣近年在『去中國化』莫名其妙的謬論之下，妄想把一切有『中國』之名，與『中國』有關的知識和事物統統連根拔掉。這既沒有必要，也根本做不到，徒然使得教育迷失方向，師生莫知所從，搖撼國本，莫此為甚。」

我從未對政治產生興趣，也深悉自己不是可以經國濟世的人。但是，自幼伴隨故宮文物得到的好處，是我至少可以做到獨善其身，知道如何「慎獨」。我對中華文化有至高的尊重，也有強烈的愛。且讓我陶醉在如飲醇醪的快意中吧！

二中生活中，我自初中三年級開始，就向報紙投稿了。原因之一是，除了興趣之外，也可賺取有限的稿費以為零用（克難時期家計困窘，父母不能供應我們兄弟四人的零用錢）。我以連載卡通畫稿供應《中央日報》（當時臺灣全省第一大報）的〈兒童周刊〉，也為該報的副刊及「婦女家庭版」提供刊頭畫。所得稿費，加上大哥和三弟的稿費，我們合資買了一輛全新的英製菲利浦自行車。除向報紙投稿外，初三一年加上往後的高中三年，我都為班上主辦的壁報擔任插畫工作。生物課的吳老師，更「指定」我為十餘位世界級的生物學家繪像（按照書冊上的黑白小照片放大重繪），懸掛在教員休息室的壁上。高中三年級，我參加全校性作文比賽，榮獲「散文組」冠軍。這都是我此後寫作及繪畫的初試啼聲。

胡適先生到臺中演講

高三那一年，胡適先生自美來臺，發表自由演講多次，造成了對臺灣文化界的震撼。這位當年五四運動新中國文化的推動者，於該年（一九五二）十二月十一日在臺中市水源地新建球場公開演講。各級學校都派學生組隊前往。我的母校臺中二中派定高三我們班代表前去聆講。胡先生那天的演講，對於共產主義有極清楚言簡意賅的解說，使我對共產主義有了進一步的深刻了解。

胡先生那次的講題是「今日世界」。他一開始就說，他自己算得上是半個「臺灣人」，因為在他的幼年兩三歲的時候，臺灣尚未經清朝政府割讓給日本，仍是中國的土地。那時胡先生的父親在臺南做事，後來調職到臺東任知州，所以他隨父母在臺南及臺東居住了近兩年，直到中日甲午戰爭爆發之前才由父母攜帶返回中國大陸。胡先生在臺灣時，臺灣是中國的領土，雖然他比我在臺灣時幼少，也僅住了兩年，然則他已經自認是半個臺灣人了。而我到臺灣，是在臺灣歸還給中國之後，不管怎麼說，也是中國的土地，而我當時在臺灣已經居住了近五年了，難道我就不是臺灣人嗎？這麼說，既然我也是臺灣人，我對臺灣就有表示我的情感及意見的權利。

我早就對胡適先生十分欽景了，聽了他那樣的表述，我忽然又興起與他「同是天涯淪落人」的感懷來。除了感情的泛濫外，胡先生的演講內容更讓我動容。

他說，當時的世界有兩大集團。一個是鐵幕內的共產集團，另一個即是鐵幕外比較自由的世界。在自由中國的人，許許多多的父老兄弟姐妹在中國大陸上都曾經受了一段十分悲慘痛苦的經驗，親眼看見鐵幕是怎麼降下來的。鐵幕中的國家的人民，沒有聽、讀及言論的自由，連保持緘默不說話的自由也沒有。他們沒有人格。他們的生活就是生活在政府嚴控的集體農場之中的牲畜一般的生活。沒有自由吃飯的自由，也沒有保留私人財產的自由。

鐵幕降下來了。共產國際要征服全世界。

征服全世界必須具備三個條件：

一、一個強而有力的共產黨機構。

二、增強蘇俄的力量，使它成為世界的革命之母，由它來領導世界革命。

三、造成國際戰爭形勢，盡力使國際局勢混亂。

總而言之，自由世界之對抗共產國際，就是為了永久保持人類的自由。「不自由勿寧死」，所以必須聯合起來，互保安全，以求拯救陷入鐵幕中的國家和人民，確保歐洲、亞洲與太平洋區域的自由。最要緊的，是必須解放蘇俄本身，只有待共產國際的大本營垮了，才有世界和平。

胡先生的話果不是虛說，到了上世紀八十年代蘇俄解體崩潰之後，全世界才真正免掉失去自由的危機。他的演說，結構精密，舉證明晰，自然生動有力，使我對共產主義有了清楚的概念。中國的共產黨，也必須脫離共產國際，走自己的路。鄧小平時代不就是如此的嗎？一個民族，倘若不能沿用自己固有的文化，一味借重西方，這是緣木求魚，不可能穩妥立足於世界之林的。對於自己的文化的自尊自豪，有了這般的認知與醒悟，才能期盼自己的國家一天天壯大起來。

這就是我對中國傳統文化的堅持與信念。

一九五三年，我高中畢業，二十歲。因為有了將近五年的安定生活，我才得以完成了人生重要的中等教育。我決定畢業以後繼續升學，我要吸收更多的新知識，使自己有足夠的本錢投入社會。

編織臺大夢

當時臺灣的大專院校入學考試，計分甲、乙、丙三組舉行。甲組包括理、工、醫各科系；乙組包括文、法、商各科系；丙組為農科。我在高中三年級時，學校按照學生學科性向及成績，把學生分別分派在文組及理組班內。前者側重國文、英文、歷史、地理；後者則重在數學、物理、化學。我是文組的學生。

當時，全臺灣省只有一所真正的「大學」，那就是國立臺灣大學。其餘的專科院校都是省立，沒有私立大專的設置。報考文組的學生，只能投考臺灣大學的文、法學院各科系或省立師範學院大多科系及省立行政專科學校。這三所學校我都報了名。當時的高中畢業學子，都以能考入臺灣大學為榮，我自不例外。皇天不負苦心人，我連中三元。

三校之中我以臺大為首選。從放榜的那一天開始，我就編織起我的臺大夢來了。我捨棄了文學而投考臺大法律系，是經過了一番考慮的。我的考慮是，文學，只是營造個人生活品質的要素，它對於整個社會的實質效應似乎很微弱，而我們的社會教育需要的是「公」是「法」，法學是為公而設的。我當時還有報效國家服務社會的志願，何況自幼以來所見所歷的人間不平及愚昧太多，於是決定習法以解惑。

除了「獻身社會」「造福人群」的理想以外，我選擇臺大還有其他方面的思量。臺大擁有六個學院，治學範疇廣擴，而其學風之盛為他校所不及者，在於學校領導人辦學的理念。當年北京大學學風之形成，乃是有蔡元培先生那樣高遠治學才識的人的領導，釀成了學校的一股清氣所臻成。這也就是何以北大成為中國近代五四運動搖籃的深切意義所在。有了蔡先生的大智大才大勇，兼容並包的格局與襟抱，方使北大在經國濟世的大方向下，擁全國精英的師資與學生，努力不懈，克紹箕裘，發揚光大。北大在蔡先生之後，還有胡適先生，傅斯年先生，蔣夢麟先生等為校長。他們都以治學辦學為堅強的心理建設，大公無私，不計政治的險惡。以傅斯年先生為例，他自幼熟讀中國典籍經史，一九一九年在北大做學生時代，就嶄露頭角，成了五四運動的代表人物之一。其後，他負笈英國德國，廣泛接觸新學術；一九二八年任中央研究院歷史語言研究所所長，引領二十世紀中國人文學術的發展；一九四九年國共內戰時浮海至臺，經政府聘任為臺灣大學第四任校長。可惜在職兩年不足，但卻為臺大留下了可觀的精神資產。

臺大校長傅斯年先生

傅斯年就任臺大校長時的臺灣，是臺灣自日本歸還的早期，又逢內亂，風雨飄搖。此時由他主政臺大，正是奠定新基礎，樹立新學風的大好時機。他說：

> 我們現在在這個島上，正是檢討過去一切的時候，正是我們出問題給自己的時候。我們的挫折的原故在哪裏，我們要檢討。我們萬萬不可再不問不思，一味因襲舊脾氣，因為實在因襲不下去了——假如要存在的話。在這一個局勢之下，我用我相信的道理辦臺灣大學……

傅先生所相信的辦好臺灣大學的道理究竟是什麼？他強調，大學教育應特別重視以下諸點：

一、大學絕對不可雜混專科職校的目的。

二、大學必須以學術為本位，專科學校乃以應用實用為辦學本位。

三、大學與專科學校截然不同。後者不可模仿前者。

四、大學畢業就業的任用資格，除在大學本身及研究機構之外，不得優於專科學校。

基本上，傅先生的辦學理念，是以歐洲型（以研究為主要目標）的大學型態為基礎。但是，他同時也非常重視大學的中國特色。他強調不應盲目抄襲外國學校的制度，要特別注意本國特殊的社會文化背景。例如，他對臺大提出的教育改革，要點為：

教育改革的原則為在計畫教育及自由發展之間求其均衡；在理想與現實之間求其平衡；在傳統與改革之間求其平衡；在技能訓練與通材教育之間求其平衡；在教堂與市場之間求其平衡。原則確立之後，其改革措施首為大學精神之重建。辦大學為的是學術，為的是青年，為的是中國和世界的文化。這中間不包括工具主義，所以大學乃有其自尊性。臺灣大學的前身為日據時代的臺北帝國大學，如今既已回歸中國，臺大當以尋求真理為目的。以人類尊嚴為人格，以擴充知識、利用天然、厚增民生為工作目標。

精神重建以後，下一步乃是通識教育的加強。他非常重視大一共同必修科目，務使進入臺大的學生，一開始便得到第一流的教授教導普通課。所謂一般通習科目，包括文學院的國文、英文、通史、邏輯；理學院則為數學、物理、化學、動物學、植物學、地質學；法學院則有法學通論、普通經濟學等。傅斯年先生對臺大通識教育的重視，當然與他本人雅博的學識深有關係。他是一個典型的「五四人」，處事有氣吞萬里的氣勢。他的為學理念，是以通博為主，重在專與精。他要培養青年人的大格局大胸襟。

通識教育既經加強以後，再下一步則是堅守學術專業，提升師資水平。他的提升臺大師資水平的原則，就是要保持學術獨立與尊嚴，擴大研究空氣。他曾說：「我請教員，當然要依據標準，依據專業之精神，尤其是因臺灣大學各院系之需要而定。我若是把臺灣大學作為『招賢納士』之處，那真對不起國家了。招賢納士與辦學不能合為一事。國家要如此，可以另立機關；學校若如此，必糟無疑。」（見《傅斯年選集》第九冊〈傅斯年校長的聲名〉一文）

從這裏可以看出，一個卓優的大學校長是多麼難能可貴。臺大之得享美譽，就是因為傅先生的正義人格使然。也就因為如此，傅先生主掌臺大時，遭受到各方嚴重打擊、攻訐和阻擾，困難殊多。許許多多不學無術的國民黨黨棍子、翻雲覆雨的官僚政客，都亟思混入臺大這塊崇高、清潔的聖地來隱藏他們一身的污穢。這些人栽贓誣陷，無恥也無所不用其極，要重重打擊傅先生。可是，殊料傅先生英勇堅定，毫不畏懼退縮，他貫徹了自己的理念與主張，並決意與惡勢力對抗。他的「堅持學術獨立與自由，拒絕政治勢力干涉學術」的原則，貫徹始終，確確實實奠定了臺大之所以為臺大，在臺灣學界享有鶴立雞群美譽的明證。

總之，傅斯年先生主持臺大校務，為時雖然短暫，但是，他的那種自由學人風範與自由學人的理想，卻足以使他將近兩年的臺大校長歲月，可名之為「傅斯年時代」了。他五十五歲的一生雖不長，卻似劃過長夜的一顆彗星，留下了歷史（不僅是臺大校史）上燦爛的光芒。他的一生，前後參與了五四運動、出任中央研究院歷史語言研究所所長、代理北京大學校長、主政臺灣大學，對於二十世紀的中國人文學術及大學教育的影響，是重要而又長遠的。傅先生提出的臺大校訓——敦品勵學，愛國愛人——更足以表現出在一個政治動盪的大時代，雖內憂外患，在學術思想上中西新舊交相衝擊，可是，在二十世紀的中國，則起著快速翻動的主導作用。

試想，對於剛跨出中學，一心想繼續升學的我，怎能不受誘惑而以臺大為升學的第一選擇？我能在傅斯年先生過世後的兩年中，在那麼動盪的環境中，踏入臺北市羅斯福路四段一號的臺大寬闊校園，成為一名自豪的「臺大人」，不能不產生一種驕傲與榮譽感。

又見臺北——成為臺大人

我是一九五三年進入臺大的。

又見臺北，我已經是一個有著五年「臺灣人」的歷史與資格，身心成熟，知識更豐，心胸益闊，更其敏銳的青年了。

進入臺大的第一印象，得一「大」字。臺大校園之敞寬實為當年全省大專院校之最。這一個「大」字，不僅是說地大，它還涵蓋其他方面：擁有六個學

大學時期的莊因，意氣風發。（莊靈攝）

院(當年其他學院都是單一的學院。譬如工學院、農學院、師範學院等);學生人數與教師數量全省第一;學生社團林立;各中學校友會琳琅滿目;圖書館藏書為大專院校之冠;學生素質特優,中學各校精英皆集在臺大。

進入臺大的第二印象,是自由精神自由空氣的熠閃。自由的種籽,隨著校園中央的傅斯年紀念鐘亭大鐘的敲擊,散溢入每一個臺大人的心懷。到了冬季,文學院的門前樓內,不約而同穿著藍布大褂長衫的教授們,青衫排浪,文史經國的自由氣氛充斥在各角落。這大概是當年北大的傳統與遺風吧!臺大文學院文史系中當年北大的學生如今身為教師者,大有人在。老師們的青衫大褂於是成了自由學術的標誌,非無因也。同時,由於臺大校長傅斯年先生曾在中央研究院擔任歷史語言研究所所長,與中研院有深厚關係,故延聘中研院歷史語言研究所大批研究人員在臺大兼課,傳業解惑。考古人類學系的師長幾乎清一色全係中研院原有研究員,諸如李濟、董作賓、石璋如、凌純聲、高小梅等。中文系及歷史系也不多讓。這批國士,一到冬天,大多也都穿上青衫大褂,與原在文學院中的長衫師輩牽在一起,彷彿巨浪澎湃,蔚為壯觀。我在法學院的時候,師輩到了冬季改著青衫大褂的也大有人在,法學院長薩孟武先生,法律系、政治系及經濟系的許多老師都如此穿著。這在當年的臺灣，是一十分獨特的現象。不但老師們如此打扮穿著，連學生中也有入冬改著青衫長袍的人，譬如歷史系恃才傲物故而特異獨行的李敖就是。穿了長衫的李敖在校園行走，成了臺大獨特的景觀。

師生二三事

我在前面提及的自由學風，除了在閱讀及思想上受到政府國策安全的拘束外，在一般人際關係行為上有著明顯的漫發。我但舉小事數件為例：

大一那年，我那一班的共同必修國文課，由中文系的孫雲遐教授擔任教席。那一班的學生，都是投考臺大入學試國文科成績特優超過六十五分的文、法學院學生。按照學則，入學以後，國文原可免修，但當時的該批學生，不知應選修何種科目，於是紛紛仍以國文為選科以策安全。孫老師雖也著長衫打搖扇子上課，可是他授課方式太嫌古板，仍是私塾授課制。他講解《史記》及《論語》，不但常斷章取義，且硬要學生將他的闡釋作眉批寫在課本上。這樣的教學，自然難以博取班上自視較高的「資優生」的認同。坐在梯形教室後面數排的學生於是開始小聲傳語，遞紙條，嚼食花生米或嘻笑失控。孫老師對此也不發怒，只泰然地對同學操江北口音說：「沒得關係。如果你們覺得自己的國文程度已夠，不想聽課，就請退席，不要妨礙了其他同學。只要學期考試及格了就好。」語畢，立刻有數位學生起立，夾了書本，默默魚貫走出教室。

哲學系的范壽康先生，也有值得一記的在上課時的快人快語趣事。他的「中國哲學史」一課在大考時，笑嘻嘻地步入教室發卷子監考。然後操著浙江口音的國語宣布：「知之為知之，弗知為弗知，是知也。各位同學，不要作弊，交白卷者一律六十分。」話方畢，一名學生將白卷一份交給范先生，他於是自藍布長衫懷裏掏出一枝鋼筆，當場在學生的白卷上畫了60分，高舉考卷示眾。

當年中文系系主任臺靜農教授也有逸趣的事。

某次，他的「中國文學史」課下課，即拎起皮包匆匆步出教室，奔向新生南路上學校的邊門，趕回他溫州街十八巷的府宅。我和數位同學陪同臺先生同行。一位吳姓的香港僑生歉意的對他說：「臺老師，我每星期有一門旁系的課與您的文學史課有一小時的衝突，所以不能全時來上您的課，很對不起。特別向您報告。」

臺先生哈哈一笑，急速的行走忽然停住，轉身側面對那位同學說：「這種事情你自己瞧著辦，不必向我報告。我從來不點名的，你不必擔心。重要的是，你選的另外一門課要是狗屁，就不必去上課。不要浪費時間。」如此豁達坦率，令人印象深刻。

大二那年，我還是法律系學生的時候，王伯琦老師的「債權總則」一課學期考試，他親自到堂監考，帶了一份當天的報紙，兩手攤開遮住自己，坐在講堂前方案後的椅子上讀報。他的課，是法律系的大班課，學生很多，再加上教育部分派來臺大借讀的「大陸來臺大專學生」一大批，人數突破一百。寄讀學生原都已有職業工作，年歲也較我們經入學考試錄取的「臺大人」為長。這批老大哥們世故行劣，前來上課完全為了混學分拿文憑。他們公然把講義攤在腿上抄襲答卷。有人因快手翻閱講義不慎失手，整本講義跌落地上，砰然有聲。此時，王先生自手握攤開的報紙後面發言了：「諸位，做事求學都要膽大心細，更需注意技巧。你們的動作太過粗糙了。」考試繼續進行，無人被抓。王先生也讀報依舊。這當然是臺大老師的自由學人作風的展現。

老師如此，學生又如何？

前面提到的穿長衫特異獨行歷史系學生李敖，某次在文學院課堂走廊上我與他及另外三位同學談說，正好講授「遼、金、元史」的教授姚從吾先生經過。姚先生白髮皤皤，一直是予人學者風儀的一位教授。只見李敖突然趨前，嬉皮笑臉向姚先生鞠躬行禮，而後緩緩地說：「姚先生，我一直有一句話想對您說。您現在有空嗎？」姚先生聞言止步，點頭道：「有空！有空！什麼話你說好了。」他掏出手帕自雪峰似的一頭白髮擦到面頰。

李敖這時開口了：「姚先生，您的一頭銀髮漂亮極了，我非常喜歡，希望我到您的年紀時也有一頭白髮。不過，我總覺得您的一頭銀髮跟您不太協調，好像長錯了人了。」一霎時很寂然。姚先生收好手帕，沒有答話，把對他的尖酸刻薄譏嘲拋在身後，走了。

自由空氣中的溫情

除了這些軼事彰顯出臺大校園內的自由空氣的充溢外，我身為「臺大人」在臺大的這一段歲月中，還享受到其他生活方面的溫馨。

大一那年，我以一個外埠生參加學校的住宿抽籤失敗。在校外自行租賃自屬一途，但這筆費用對許多的公教人員子弟來說，太大了。於是大家紛紛向訓導處上條陳，希望校方顧慮實情代為設法。當時身兼訓導長的政治系教授傅啟學先生，非常體諒學生的苦衷。感動之餘，下令將第五第六宿舍的曲尺型飯廳關掉一半，擺設雙人床鋪，闢為「臨時宿舍」，收留了將近五十名學生。傅先生前後數度來與學生談話，說這是學校不得已的解決辦法，希望大家共體時艱，安心求學，下年住宿優先錄取。

住在校總區北邊山下的第七第八兩宿舍的學生，每日步行大約半小時到校園上課，如果每日回宿舍吃午飯再折返校區，耗時太多。傅先生於是下令第七第八兩宿舍每日將午飯送至校區內供學生食用，以減學生往返奔波。這大約也就是「勤政愛民」的一說了。

心智上和情感上的協和

我在臺大先後共九年（法學院三年，文學院三年，研究所三年），都是錢思亮先生擔任校長。錢先生雖是習研科學（化學）的，但人文氣質非常豐厚濃郁。傅斯年先生主掌臺大為時雖短，然校務上的學術建樹，得到錢先生（時任臺大教務長）匡助甚多。傅先生臨危授命，去世得早，他的壯志宏圖都由錢先生繼而演之，光而大之。當年在臺的大專院校校長中，最溫文儒雅、最謙和平易，沒有一點黨氣和官僚氣息的，就屬錢先生了。臺大校長職位在傅斯年先生逝世後，覬覦者頗不乏人，而政府在衡量大局後決定由錢先生接任，的確是正確的。這是臺大之幸，也是自由學界之幸。

我當年一進臺大，就參與了由學生主辦的綜合性雜誌《臺大思潮》的撰稿與編輯工作。在那「反共抗俄」時期，政府大力控制思想的局面下，《臺大思潮》確屬合乎思想自由的最大公約數了。

學生的適度自由安逸的生活，由臺大同學自發組成的「古典音樂欣賞會」主辦節目的推介，也起了相當大的空靈滌思的浪漫情調，讓學生得到心智上情感上協和的佐力。學生社團在臨時教室主辦的唱片欣賞會，多定在晚間。他們提供私藏的硬面西方原版古典音樂唱片，在手搖的唱機前，使西方古典音樂和美的韻律神髓，隨風自由飄散飛揚。教室外面的草地上，經常坐滿了西洋古典音樂的曲迷學生，陶醉在月光下，連惡蚊的騷擾也忘了。我個人對古典音樂的欣賞著迷，都是臺大校園培養出來的。古典音樂之所以傳世，就在於它純粹的藝術主導的自由舒放，沒有任何雜音，對人起著撫育的作用。

民以食為天

臺大校門口羅斯福路上沿傅斯年先生紀念庭園圍欄違建的一排小店鋪，給臺大人增添了無限生活上的助益。這其中有燒餅油條店、文具賣店、鐘錶店、鞋店……等。其中的那家燒餅油條豆漿店的掛爐燒餅，香酥可口，極得學生鍾愛。店小簡陋，餐具也不甚乾淨起眼，坐在店外沿街邊擺設的竹桌椅上來一碗熱騰騰的豆漿，配上一套燒餅油條，一星期的精神都會振興。校門口羅斯福路對街以清燉牛肉湯及油餅供學生享用的店家，每到晚間十時後，我們從圖書館出來回宿舍入寢前，去吃喝宵夜，得到浸淫在學術氣氛中經濟上有限度的浪漫感。

當然，出了校門沿羅斯福路向市區方向行走約二十餘分鐘，就到了金門街口上以川菜小吃為賣點的「壽爾康」飯店。享受一頓客飯，菜色包括：回鍋肉、乾煸牛肉絲、麻婆豆腐、宮保雞丁、油爆腰花、乾燒鯽魚，那就會把浪漫情調擴而大之了。

也許，乘坐0南路公車到市中心的重慶南路及衡陽路交口處，緣衡陽路西行至西門町，自由浪漫的情調又會再升高一層。先是到接近中華路騎樓下的兩三個舊書攤逗留半小時左右；然後到中華路上的當街小飯館吃一客客飯或鍋貼牛肉湯；然後經過成都路，在「西瓜大王」店鋪坐下來點一份冰鎮西瓜；再續行至電影院前，買兩個熱呼呼香噴噴的茶葉蛋，進入「冷氣開放」的電影院看一場電影；散場後搭乘公車返回杜鵑花城的臺大校園，那足意的快感，為一週緊張的日子畫上句點。

打工是為生活需要

該時就讀大學的學生，尤其是外埠生，住校帶零用及購買讀書所需物品等，所費可觀。本省籍學生因大多家有恆產，後援較充盈。但外省籍生多為軍公教人員子弟，家中生活物資諸如米、麵、油、鹽、糖等都仰政府按戶配給，在有限的家用下，要支持一個去外埠就學的子弟，就是頗吃重的負擔了。

這種家庭背景的臺大人，倘若是攻讀理、工、醫各科系的，憑著「臺大」的招牌，不難找到機會充當高中學生的家庭教師，每月所得，對個人生活的調改頗起作用。但是，攻讀文、法科系的，除了外文系的學生間或有可能擔任英語家教外，也只能望眼欲穿，到嘴的肥肉無由享受。少數國文特好的人，偶然還可以鬻稿，其他的只能自求多福了。

我在大三那年，經手投送校區報紙。工作雖苦，但每月收入償付伙食以外，尚有盈餘多吃幾頓燒餅油條及壽爾康的特級客飯，一星期看一次電影買幾本書當也不在話下。

送報每日清晨五時起床，跨上自行車，披星戴月，直駛火車站取報，在八時以前將報紙送到訂戶手中。我的訂戶是臺大校總區各單位及各學生宿舍。大批交貨，不似一般職業報差按戶沿家遞送，要便捷許多。每月月底，去總務處出納組領取一張國庫支票，也不像報差挨家收費的辛苦。送報生活算是體力消耗，風雨無阻，當係苦事。但報酬不貲，相當於一個軍公教人員的收入。所謂「苦」，是不能睡大覺；不能與同學玩橋牌通宵達旦；不能聚眾飲酒夜話；不得一早去校園欣賞儀態萬千浥露盛開的杜鵑花；沒辦法去校門口的燒餅油條豆漿店吃一頓舒舒服服的早點；無法從從容容燃上一根撩情的菸捲，細細思量一些大小問題……這些自是相當令人「氣短」的。然則，送報生活自也有其愉快經驗：晨光乍現，你已經先別人知悉國內外重大消息新聞；喜見鳥雀跳躍鳴叫牆上、屋角、樹梢、地上；親眼目睹社會上平日看不見也不知悉的人和事及市區的囂亂盲點……這一切的一切，也就把你的「失落感」一一找回來了。

誰是「臺大人」？

我在飛馳單車送報時，常會泛起思索「臺大人」的意興來。父親早年在北大求學時，校園內盛傳這樣的一句話，就是：「北大雖好，但好的未必是閣下。」如果我可以將「臺大」代「北大」，說成「臺大雖好，但好的未必是閣下」，不也很切題嗎？

當年的臺大人，的確有許多外省籍的同學自以為語文程度優越於本省籍同學的人，非常令人厭惡。比方說，我住的第一宿舍內，某室十人中，有一位語文程度相當出眾的本省籍同學，普通話字正腔圓，用詞精當，比許多夾雜方言的外省籍同學強上多多。可是，就有惡毒的外省籍同學對那位優秀的本省籍同學呼之為「假土人」。我自幼因戰火離鄉四處漂流，老早就有「四海一家」的觀念，對於這種無聊自以為是的文化「優越感」，厭煩之至。在一個人的少壯青年時期，除了知識的進取以外，重要的是去培養一己寬和的胸襟，建立堂堂正正的大格局。能夠做到的，也許可以說是完人。如果是臺大的學生，庶幾乎可為當之無愧的「臺大人」了。「臺大人」絕對不是掛在口頭沾沾自喜的說詞；臺大出身的黨棍子、小政客、小鼻子小臉、好高騖遠、自私自利的人，是沒資格摘用這三個字的。

中國人好吃、講究吃、也重視吃。好吃懂吃的中國人，不單指是生在中國、長於中國、冠有百家姓中的一個中國姓；天天吃大米、啃饅頭、吞麵條；說中國話，還需要接受中國文化，且對之有一定程度的認知和吸收。中國菜好，在沒有接受過洋餐之前，就不會覺得真正的好。基於這樣的信念，我在臺大做學生時，就很想開洋葷了。

那時，在離校區不遠的新生南路瑠公圳旁，有一家國人經營的「老爺飯店」，專賣西餐。我因偏見覺其不夠「正統」，一直沒去嚐試。雖如此，崇洋心理一朝萌生，便也枝繁葉茂起來。聽說中山北路近圓山一帶，有純洋人經營的點心店，於是立下心願前往一試。某日乘公車前去，在尚未尋獲之前，就在路邊巧遇兩名美國軍事顧問團的大兵，各擁一名中國婦女，狎暱淫聲浪笑自我身邊行過。頃刻之間，我的崇洋心理化作了滿腔羞辱與憤慨，於是轉身而去。這「開洋葷」的念頭就此打住。直到我於一九六三年任臺大研究生教授外籍學生中國文化時，才以「師」的身分在圓山美軍顧問團餐廳吃了平生第一盤通心粉及牛肉漢堡。

研究生生活

一九六〇年，我自臺大畢業。畢業後，入伍接受預備軍官訓練前，先投考臺大文學院中國文學研究所，經錄取。八月，南下高雄縣鳳山陸軍步兵學校接受集訓。集訓告終，被分發至新竹關東橋新兵第二訓練中心第十三連擔任第一排少尉排長。在役一年，退伍之後，至臺大報到入學中國文學研究所，開始往後在研究院三年另一階段的臺大生活。

我的論文指導教授是臺靜農先生。論文題目是宋元明三代「話本楔子彙說」。該時中文研究所學生，泰半研究文字聲韻，及於純文學者如鳳毛麟角。而治文學者，也集力研究古典文學，沒有從事新文學之研究者。原因極為單純，由於新文學之巨擘大家皆因政治關係被劃為「匪區作家」，他們的著述被列為「禁書」，概遭封殺。以藏書甚豐的臺大圖書館來說，該類書冊皆被堅壁清野。中文系的師長，除了當年深受魯迅先生賞識且在新文學領域中頗負名聲的臺靜農先生以外，沒有任何其他老師展示過在新文學方面才具的了。臺先生有過以往的「不良記錄」，對於「新文學」索性保持低姿，甚至絕口不提了。他在中文系只開兩門課，「中國文學史」及「楚辭」，前者僅止於金元，而後者更可見出在白色恐怖時期有感於個人身世經歷使然的吧。

對於有心致力於新文學探討的學生，白色恐怖就像一張視而不見的大網，凡一九四九年以前的中國新文學作家的書一概不得刊行外，連研究這些作家的大陸人士的書冊亦在禁止之列。我原有意於作新文學之探討，但迫於現實，只好改頭換面，從「現代文學」層面上推到中古時期的宋、元、明話本小說去了，該不至於仍被冠上「匪」字的囹圄中吧！

臺大圖書館找不到我需要的參考書，幸好在南港的中央研究院歷史語言研究所還有一些書籍可供借用。所以，在我的研究所三年生活中，跑南港求「匪書」，就成了司空見慣的例行事了。

名之為「中國文學系」而無新文學之開設，簡直是荒謬至極的事。我跟少數系中同學曾向臺先生進言：「那乾脆更名為『中國古典文學系』好了。」臺先生聞言，點起一根菸，笑笑語重心長地說：「不要惹麻煩。現在

莊因於臺大中文研究所時留影。(莊靈攝)

你們就做蛀老古董的書蟲，有一天時間到了再翻新吧！」

在研究所做學生時，每月領取研究補助費，用以支付宿舍伙食有餘。我也間或寫稿投寄報紙雜誌。那時，美國加州史丹福大學在臺大內設立中國語文研習所，我在該所兼課，擔任古典小說《水滸傳》的講授，待遇甚豐，似乎「窮學生」的日子已離我遠去了。

學文的窮小子

生活上物質層面得到了大幅度調整，那麼精神方面的生活又如何？單以愛情而言，

1964年，莊因研究所畢業，於臺大文學院大樓前留影。（莊靈攝）

我在文學院時期交了三年的女友，當我這個在當時被認為一無是處學文的窮小子，在大學畢業後接受軍事訓練任職軍中的時候，竟然捨我而去。沒有了感情上的負擔，使我三年研究生生活益加充實，把我自幼對於文學獨有情鍾的感覺完完全全培養起來。我在研究院時，便

毅然決然下了心願，畢業之後，出國留學。這樣的決定，當然也不免或多或少有一些負氣心理，即是，俗人咸認大學文科畢業的學生，最多做到一個窮教書匠，因而男生吞嚐愛情苦果乃屬必然，我要將這種觀念翻新。

一九六四年我自臺大中文研究所畢業。「不容明月沉天去」，是年年底離臺赴澳洲，執教於墨爾本大學東方研究系。我對自己說：「看吧！卻有江濤動地來！」

莊因作品

【三民叢刊 154】

飄泊的雲

藉親情撫昔，如飄雲流水，無限深思。不論人物速寫，或域外棲遲的抒懷，或臺灣青少生活的追記，或日常隨筆的巧思，在在都看得見作者充溢的才情和清暢的文筆，也處處流露著盎然的諧趣。

【三民叢刊 213】

八千里路雲和月

「少小離家老大回，鄉音無改鬢毛衰；兒童相見不相識，笑問客從何處來?」作者兩次到大陸探訪故土家園與尋覓兒時記憶，並將其中的經歷和感想書寫成書。八千里路，追月隨雲，作者個性愛憎分明，筆下情感充沛，一抒對故鄉的真切感受。

【三民叢刊 217】

莊因詩畫

莊因說自己有三枝筆——粉筆、鋼筆、毛筆，指的是他有三種角色——教師、作家、書畫家；他謙稱這本《莊因詩畫》是他以第三枝筆所創作的「副業」，漫畫作品配上了俚語韻句，表達的是他身在臺、美兩地不同環境的所見所感。而他的漫畫可是私學豐子愷的!

【三民叢刊 281】

一月帝王

●聯合報讀書人新書推薦

體驗文字的魔力，串連細微神經的末稍，在封面封底之間，讓毛孔吸一口清新與悠閒。本書或談說人生及處世態度，或為憶往與感懷之作，或論野趣種種，下筆亦莊亦諧，以小見大。

國家圖書館出版品預行編目資料

漂流的歲月(上):故宮國寶南遷與我的成長／莊因著.－－初版一刷.－－臺北市：三民，2006
面；　公分.－－(世紀文庫:傳記002)

ISBN 957-14-4520-7　(平裝)

1. 莊因－傳記

782.886　　95011502

© 漂流的歲月(上)
——故宮國寶南遷與我的成長

著作人　莊　因
發行人　劉振強
著作財產權人　三民書局股份有限公司
臺北市復興北路386號
發行所　三民書局股份有限公司
地址／臺北市復興北路386號
電話／(02)25006600
郵撥／0009998-5
印刷所　三民書局股份有限公司
門市部　復北店／臺北市復興北路386號
重南店／臺北市重慶南路一段61號
初版一刷　2006年7月
編　號　S 782240
基本定價　肆元捌角
行政院新聞局登記證局版臺業字第〇二〇〇號

有著作權・不准侵害

ISBN　957-14-4520-7　(平裝)

http://www.sanmin.com.tw　三民網路書店